荊楚文庫

〔萬曆〕黄安初乘

〔明〕耿定向 纂
〔清〕耿應昌 補

荊楚文庫編纂出版委員會
武漢大學出版社

荆楚文庫

〔萬曆〕黄安初乘

WANLI HUANG'AN CHUSHENG

圖書在版編目(CIP)數據

〔萬曆〕黄安初乘/〔明〕耿定向纂;〔清〕耿應昌補.
—武漢:武漢大學出版社,2022.3
ISBN 978-7-307-22830-6
Ⅰ.萬…
Ⅱ.①耿… ②耿…
Ⅲ.紅安縣—地方志—明代
Ⅳ.K296.34
中國版本圖書館 CIP 數據核字(2021)第 273769 號

責任編輯:李 程
整體設計:范漢成 曾顯惠 思 蒙
責任校對:李孟瀟
出版發行:武漢大學出版社(中國·武漢)
地址:武昌珞珈山
電話:(027)87215822 郵政編碼:430072
録排:武漢恒清圖文菲林輸出工作室
印刷:湖北新華印務有限公司
開本:787mm×1092mm 1/16
印張:32.5 插頁:6
版次:2022 年 3 月第 1 版 2022 年 3 月第 1 次印刷
定價:129.00 元

ISBN 978-7-307-22830-6
9 787307 228306

《荆楚文庫·方志編》編纂組

組　長：劉偉成　陽海清（執行）

副組長：劉傑民（執行）　王　濤　謝春枝　范志毅（執行）

參編人員（以姓氏筆畫爲序）：

王　濤　李云超　宋澤宇　范志毅　柳　巍　馬盛南　陳建勛

梅　琳　張文静　張雅俐　陽海清　彭余焕　彭筱溦　賀定安

楊　萍　雷　静　劉傑民　劉水清　謝春枝

編　審：周　榮

顧　問：沈乃文　李國慶　吴　格

出版説明

湖北乃九省通衢，北學南學交會融通之地，文明昌盛，歷代文獻豐厚。守望傳統，編纂荆楚文獻，湖北淵源有自。清同治年間設立官書局，以整理鄉邦文獻爲旨趣。光緒年間張之洞督鄂後，以崇文書局推進典籍集成，湖北鄉賢身體力行之，編纂《湖北文徵》，集元明清三代湖北先哲遺作，收兩千七百餘作者文八千餘篇，洋洋六百萬言。盧氏兄弟輯録湖北先賢之作而成《湖北先正遺書》。至當代，武漢多所大學、圖書館在鄉邦典籍整理方面亦多所用力。爲傳承和弘揚優秀傳統文化，湖北省委、省政府決定編纂大型歷史文獻叢書《荆楚文庫》。

《荆楚文庫》以『搶救、保護、整理、出版』湖北文獻爲宗旨，分三編集藏。

甲、文獻編。收録歷代鄂籍人士著述，長期寓居湖北人士著述，省外人士探究湖北著述。包括傳世文獻、出土文獻和民間文獻。

乙、方志編。收録歷代省志、府縣志等。

丙、研究編。收録今人研究評述荆楚人物、史地、風物的學術著作和工具書及圖册。

文獻編、方志編録籍以一九四九年爲下限。

研究編簡體横排，文獻編繁體横排，方志編影印或點校出版。

《荆楚文庫》編纂出版委員會

二〇一五年十一月

前言

《〔萬曆〕黄安初乘》二卷，明耿定向纂，清耿應昌補，明萬曆十三年（一五八五）修，清康熙四年（一六六五）刻本。

耿定向（一五二四—一五九六），字在倫，號楚侗。黄安人。明嘉靖三十五年（一五五六）進士。嘉靖末出按甘肅，尋調南京。隆慶元年（一五六七）升大理寺右丞，後貶横州判官。萬曆間任右都御史、户部尚書。耿應昌，黄安人，耿定向孫，蔭襲定向之官爵，官刑部主事。

黄安建縣於明嘉靖四十二年（一五六三），割麻城、黄岡、黄陂三地之壤以成邑，初定名新安，後改名黄安。萬曆十三年（一五八五），耿定向纂成此志。乘者，載也。取載事爲名。該志爲黄安縣志之始，故名『初乘』。

該志纂者、補者、刊刻時間等在各書目中著録不一。《中國地方志聯合目録》：『明耿定向纂修，明萬曆十三年修，清康熙四年刻本』；《中國地方志總目提要》：『明耿定向修纂，清肖（蕭）恒補修，明萬曆十三年修，康熙四年增刻本』；《中國古籍善本書目》：『明耿定向纂修，清耿汝忞增修，清康熙四年刻本』；《中國古籍總目》：『明耿定向纂修，明萬曆十三年修，清康熙四年刻本』；《現存湖北著作總録》：『明黄安（今紅安）耿定向纂，明黄安（今紅安）耿汝忞補，明萬曆十三年修，康熙四年刻本』。

書前有康熙四年蕭恒《重刻黄安初乘叙》，曰：『余……移守臨邛，更逢錯節……爰搜敝簏有《黄安初乘》一書，爲恭簡先生撰述，出入懷袖，指點烟雲以當晤對。但慮此書之不壽諸梨棗而浸失其傳，幸公府先生紹衣前志，欲廣詢而備述之，斷碣荒崖有可採者盡付剞劂，將勒爲不刊之書，以昭金石。』耿應昌《四刊黄安初乘跋》曰，該志在康熙四年之前已經三刊，『又越數十年而没於寇氛，陵谷遷矣。輿中道而捐，今者昌以七十之年謀四刊焉，存古籍也。邑父母關中蕭使君辛卯解秦中，聯翩霄漢。序其言于簡端，又助梓人之費，感兹同志，共臻厥成』。由此可知，該志屢次刊刻卻屢經兵火，幾近失傳。耿應昌於清康熙四年增補内容後再次刊刻成書。

志分上、下兩卷，共十三綱，約七萬餘言。各綱依次爲：創畫、規建、封域、山川、物産、賦役、牧秩、學校、選舉、風俗、景賢、壼懿、文徵。

『創畫』詳述黄安建縣之緣由。該地處三邑之間，路當兩省之會，自古爲兵衝之地，官難遥治，民難存活。故設縣建治之議紛紛提出。經朝廷批准，各級官員多次查勘，定姜家畈爲縣治。遂修築城垣，分割糧里，增設官吏，建造衙門，各項事宜完成有緒。『規建』記城中各門、縣署、學宫、橋梁、郵傳等修建時間、地點及形制等。部分條下有增補内容：『補：関中蕭令恒重建』；『補：康熙四年關中蕭恒安邑令改寢堂爲大堂五楹』；『補：關中蕭恒安邑令重脩』，等等。對於前人對此地風俗的評論，該志並不認同。『風俗』曰：『舊志所云田事不脩，太仙、灄源猶然，中和之南則稍異耳。』遂舉各地區、各家族禮俗之例，以證『一鄉有一鄉之風』，『一家有一家之風』。『景賢』前舉吴應澍、吴琳、詹同等人事跡，後列墓志銘、詩文等數十篇。『文徵』録洪武初誥敕，及焦竑、耿汝愚等人文章。後附《紀邑始》一篇，言建邑事，内容與『創畫』有所重複。

該志今存者有三：一爲國家圖書館藏明萬曆十三年修，清康熙四年刻本，此本『選舉』下缺葉，存第十、十二葉，『景賢』下缺第五十九葉；另爲上海圖書館、湖北省圖書館藏抄本。兹據國圖藏本影印。（劉水清）

目録

重刻黃安初乘叙

天下大矣自列邑省志而山川之蒼莽人物之班次士風之沿革道里之遼遠以及今之木蠹魚之蠹虞文章節義之精華靡不悉載

黄安雖小亦邑之締造未開界楚之豫之壤昆蹄萑苻隆萬間暨恭簡先生爲大司農總發文言務以而請建縣割三邑之隅輸三邑之氓不逾年而成茲邑允賴之

學書刑獄賦稅之事視從邑不少
缺乏多矣嫂亞言忠至鏡予
鄉而游之如名之余執拜傳時慕
其簡之書之為人如日星之可仰睇
如麟鳳之不可多得親挹餘
貴云力辰

黄安初乘 二

顧以慳素悰而
簡命無須承乏彥之傳書之暇得与
長君公府先輩所刊總奧各圖
清賞可謂綴鄴林之丹桂擷藝苑
之衕艷也盛乎也哉善政要以

移守臨邛更逢錯節余自惟生
叙西行多自冥至山秋向劍陵稀
峰田思疇昔之功猶恭寵筆林
不忘夢寐詹桑乃役日月如駛即
使叟但蘭屋飛纓雲閣不知畫

邑之猾紳又差尚得於遇于邂逅呂
之爰搜數羅有邑事勒成一書乃
恭簡先生纂述悉入懷袖指點爐亡
以當時對但慮其書之不壽諸梨
棗而浸失其傳耳　以附筆留紹

夜前志欲廣詢而傳述之俾碣
荒崖有可採者及付剞劂將勒
而未刊以上書以昭金石屬序于余
亡又何嫌焉然謬爲纇之讀而且
以見余之謹德乎孰知又

黄安初乘 序 四

康熙四年乙巳歲中和節之後一日

邑長閩中劉恒撰

四刊黄安初乘跋

先大父恭簡公大司徒家世居亭之西陲石陂而東都城而北豁鄂而南而皆恃遼邈嘯聚艸澤間捕者至則挺而走險耳

隆慶甲子先大父持憲上請建縣測日景觀源泉檄部使者經營之器俗靜稍民良乃揭其山林藪澤之形生聚滄波地之形資名之曰黄安初乘依

他邑也不十數年而淪諸草莽歲內學使周霍陽先生屬刊焉仍舊誌也又越數十年而殘缺焉借第與一時補葺屆刊二書三刊焉繩祖去又越

數十年而没於寇氛陵谷
矣與中道而捐今者吕以七十之
年猶四刊寫存古籍也
邑大姓劉中蕭使君章甫解綮
中聯翩雲霄淳序其言于間

端又助梓人之費懷茲同志共勷
厥成雖我
大
清有因有革有增有減而原
額不改亦以見是邑之初其景象
如是焉已爾時異其事者為

南廣文趙崔讀也
康熙四年乙巳歲仲秋日前刑
部郎西司主事今七十翁灌
園叟耿應昌跋

黃安初乘目録

一

敘曰初乘凡二卷爲篇十有三創畫泝始也規建壹勞也封域正疆也山川臚列物產隤陳惟賦與役民命攸存寄我民命厥惟司收故詳牧秩維茲牧職化教爲先故次學校學校育材選舉羅之故次選舉選舉得人風俗乃美故次風俗維風風振俗莫大乎章善故次景賢次壹懿彰往詔來疇垂罔刊惟文足耳故文徵終焉

萬曆乙酉邑人耿定向在倫甫著

黄安初乘序

籍家有言誌猶史也志體經見則自禹貢周職方始漢以降始濫觴矣譚者謂常璩之志華陽盛弘之記荆州格古而辭簡要之言有枝葉先民所不貴也

與輿圖開拓視古百倍自統志外郡邑載乘在在有之頗多繁蕪不根所紀山川風俗壞則民數無稗省方實政乃今觀

耿師楚侗公所著黄安初乘則彬彬乎文獻矣

黃故楚疆在春秋爲江黃地
國初置縣所屬於黃郡者爲州一爲縣七而黃
安之建則創自
肅廟蓋黃岡麻城黃陂之析壤也時我
耿師爲侍御力主其議先是玆土去三邑遼邈
率多萑苻之警邇今承戢爲桑梓利猶懼載乘
缺略無以信今傳後故公特身任之圻讀公所
自叙卷目次第條理血脉貫串言關國計切
民務蓋意昉禹貢職方而體裁則良史矣郎使

常盛二家視之退避三舍而況繁蕪不根者乎
或謂我 師道德功言並垂不朽乃茲總肅百
僚済登八座凡四方要害九土綱維皆所規畫
奚限梓里圻曰不然昔尼父操筆削之權以我
魯而準列國故曰合魯何適公之黄安獨非孔
氏之魯乎公將以一邑風天下俾有志作述者
倣而爲之文如其簡事如其核義例如其嚴且
詳此豈徒以邑乘名哉間又讀公所志往績謂
以有盡觀無盡公之爲心亦遠矣卷凡二目僅

十有三有道者之言信不贅云

萬曆歲次乙酉夏五月朔

賜進士奉政大夫湖廣提督學校上海王　圻撰

黃安初乘序

丙戌秋余來宰麻城于時會稽余君領黃安令有年矣麻黃故稱唇齒邑其間民表裏錯入壤綉错春相聞也余下車問俗從父老詢旁邑興革利病及長吏治行卓絕者且暮君將楷模之于是得首聞君聲蓋嘖嘖誦黃安令者曰碑莫

盡矣已稍稍從君遊習知君寬仁明斷揮霍沉
容彬彬質有其文焉因益願交讙君間叩其治
邑狀曰行何德政而令頌聲載道也者則君顧
笑不應也無何而出黄安初乘示余余讀而嘆
曰嘻君之治黄安固若斯乎固若斯乎令天下
語吏治難矣無論其斤斤奉三尺不敢破拘攣
而操短長即其傳記所載布在方冊物軌以彰
之話言以詔之勸戒以維之表儀以範之而且
也先後殊軌廢置異宜上下別等遠近各制大

小雜用輕重兩參明闇并獨寬猛互存若是數
者乃欲巨細畢舉詳略不遺方圓無周左右共
貫勢不必一責以殊途時不必同强以合轍自
非轉舒隨機陰陽握樞安能勝其任而愉快哉
乃今觀君之理黃安也舉凡禮樂文章民風士
行錢穀要害土宜物產沿革變更虛實强弱靡
不炯若觀火歷如辨指修廢舉墜表隱張微易
琢爲樸因害制利矯枉而直正陂以平變而通
之使自從之張而弛之使自宜之潤色藻繪

揆摠洞順而引之以適于道曾取初乘一書前驗後比長絜大毛舉而悉質之則君之政績班班具在何得只令張季黄次公之徒若班氏所傳循良者卓卓稱上治也又不寧唯是天下之事有傳則久有徵則信有人則與有時則合不可闕也黄安自創建至今幾三十載嚮者欲舒積者將洩而都御史耿公以理道徵言振起絶學漸被其鄉君蒞茲土復日久鼓舞濡染品式而節宣之文獻興矣且是書也創于耿公而

序　四

成于君無耿公則載籍莫據而美不傳無君則
掌故悉虛而史不信耿公由性命發言故其詞
贍其體辨其事核君以經術飾治故其績昭然
燦然犂然炳然蓋與是書相證不爽也則兩者
若相待也則是書之所以不朽也

萬曆戊子歲仲春蜀内江鄧應祈題

黄安初乘卷之上

邑人天臺耿定向在倫 著　耿應昌公府 應興公明 校

叔臺耿定力子健 輯　耿汝忞克勵 補

新安長閔中蕭恒重刊　耿應昌胐 趙應賚鼂 四刊

合邑紳衿重校　通邑耆老再訂

創畫

創畫紀邑所繇置也草昧新造往跡靡沿無疆惟休寔自今昉顧絫今以來今爲往矣緊今靡述來何稽爲首創畫

嘉靖肆拾貳年初置黃安縣

黃安分土蓋黃岡麻城黃陂之裔疆也稽星野入翼十二度按禹貢地介荆豫之交在周爲黃國地在秦爲南郡地在漢爲西陵地屬江夏郡在晉仍西陵屬弋陽郡在南北朝爲南安信安南司州地屬齊安郡在隋爲木蘭麻城黃陂地屬永安郡在唐爲黃岡亭州南司州地屬淮南節度在宋爲黃岡麻城黃陂地屬淮西路在元屬黃州路江北道隸河南

行省按察史紹興間與金畫淮爲疆元至正
中徐壽輝起兵里人鄒普勝馮琯佐之曾據
雙城蓋宋元之季即此爲邊徼兵衝日今壘
址燧臺壘壘相望焉
興甲辰歲
高皇帝命陶安撫定戊申改路爲府三邑俱屬
黄州府治而轄于湖廣布政使司此壤始爲
中土顧去各治遼邈政教難暨漸鞠爲淤廢
民鮮寧止而積逋滯訟官司且甚苦之增建

之議實始於嘉靖壬寅里中監生秦鉞省祭
李大夏伏
闕上書言狀
勑下所司勘議于時都御史平湖陸公杰御史
開州史公褒善咸主議利建而承委臨勘者
多以難阻越丁未郡守祥符郭公鳳儀牒上
兩臺具陳建邑便狀而駮前所稱難者甚辯
乃時主議者意異格之越甲寅余時為舉人
患苦剝膚甚甚乃為書上都御史馮公岳馮

公報曰古人視民如傷民故無傷也今民實傷矣事何可已王議益力而時御侯暨諸邑大夫莫有任之者卒稽閣不報嗣是盜益克斥民罹焚刦之慘者鄉無遺戶至有舉家斷首就屠無噍類者庚申余叨執法 殿中先中憲迎在京邸時時屬余曰梓里盜患棘矣曩時建邑之議里中父老延頸俟此以生小子志之余謹受命會無爲劉公崙新簡撫楚余爲申前議劉公領之甫入疆首以是檄麻

城令廣安蘇君松延寇故牘上其事無何劉
公罷去萬安張公两代撫辛酉秋余被　命
往巡西夏遇之宜城道中為恐前議而諸生
王國任等率父老隨投牒上公檄[illegible]所司集
議郡守天台應公明德暨貳守華亭袁公福
徵議上咸稱便時直指上海屠公繼禄岳伯
豐城徐公南金憲長易州劉公斯潔皆一時
之良念切民瘼以是詢謀　僉同其議始定壬
戌十一月内两臺疏上癸　亥三月十三日戶

部覆奏

旨欽定今名云

耿子曰淇濛既判斯壤具矣邑兹肇建萬世

胎安豈偶然哉亦乘所遇矣先是里中父老

之上書　闕下也值吉水毛伯温秉憲因太

保莊襄劉公言乃命部覆奏得　允下勘議后

此兩臺疏上值少師華亭徐公階柄政府公

雅善余余先奏記悉其事公從中調贊故得

俞旨云

創畫疏

題爲隔省流賊殘害官難逃制民難存活懇

乞

天恩俯順下情設縣彌盜保全地方事據湖廣

布政呈奉臣批據本司呈據委官黄州府同

知袁福徵呈奉卷查先奉前巡撫湖廣右副都

御史陸杰案驗准都察院咨該麻城縣聽選

當該官吏監生李大夏秦鉞等奏稱本縣迤

西地名金塲爰家畈黄岡縣地名中和鄉黄

陂縣地名兩河口各偏一隅地近河南信陽
光山羅山等州縣路通牛頭牢山等寨俱離
府縣各二三百里地僻民頑官難遙制賊盜
剽掠無時乞要于姜家畈建設縣治始得彌
塞盜源係障地方等因備案行司會勘查議
間并蒙巡按湖廣監察御史史褒善案驗奉
都察院勘合亦同前事行司會守巡武昌各
道轉行黃州府知府郭鳳儀督同黃岡黃陂
麻城三縣各掌印官勘議得三縣地名姜家

畋等處去縣甚遠政教不及若糧差則決于逋逃若勾攝則敢于抗拒豪强吞噬小戶則過于狼虎賊盗劫殺鄉民則怵于天行雖是腹裏實同要荒蓋由官遠于民上情壅而不究民遠于官下情阻而不通所致也誠于委家畋最切要處立一縣治則官親于民民附于官禦盗保民莫此爲便往時議者一則嫌于更變恐錢糧之飛詭戶口之隱射奸人緣此爲弊惟欲循途守轍而不敢爲一則憚于

靡費恐工役之浩繁廪祿之供給小民有所不堪惟欲省事裕民而不肯爲凡此者狃于一時之利而不爲經久之計也若以丁糧作弊爲慮在縣則有縣總在鄉則有鄉總在里則有里總在戶則有戶總以戶而計甲以甲而計里以里而計鄉以鄉而計縣此去則彼收丁糧多寡毫釐不差委一明達府官理之堅書雖姦安得作弊于其間若以工費爲慮成大事者不計小費動全省之公費建一化

之小縣又何難焉況該府隨宜措處未必無補也若以廩祿之費爲慮黃州一府冗官頗多如岐亭通判爲捕盜而設黃岡捕盜主簿爲中和鄉而設彼既設縣此官宜革又赤壁巡檢司在于府城衛既有巡捕巡江官員巡檢宜革又黃梅縣有陸湖河泊所併爲一所爲裁去三所各該裁去河泊司吏亦宜革移彼額設之廩祿以供新縣官吏師生之廩祿自有餘裕矣又何足慮哉誠于此建設縣治

則政教行而民足勸懲上無誅求之過下無刑獄之慘益國便民是爲要務等因呈詳前巡撫湖廣右副都御史馮會同巡按湖廣監察御史朱瑞登案行守巡武昌道轉行本府商廷試覆督各縣知縣親臨姜家畈踏勘得姜家畈地勢寬平山明水秀但其內多田畝稀少居民事未易舉詳覆批司道再議隨據監生生員秦鉞葉洪等呈稱懇乞奏請以慰民望等情又據該府呈據麻城黃岡黃陂

三縣儒學生員王國任等五十二名呈稱竊

家賊流盜出沒生民塗炭甚矣去大及等于冬

乞將治委官踏勘界係道里適中風水完美

美以官司歷代不常未蒙詳議門致流賊愈

甚白晝張旗殺从民命深爲大患今蒙踏勘

民心鼓舞願輸財力豎造公廳伏乞軫念民

瘼轉達奏請施行又據民秦子貞等四十七

名告同前情本府復拘各民到官并帖該啚

里老查勘得建縣之議以地利言則惟宴家

畈地當要害誠大盜出没之所以人情言則各民願任營造實一念激切之真以處置財用言則有本府知府郭鳳儀之議但事干興建難以輕議等因呈詳前巡撫湖廣右僉都御史劉批行司道詳議該本司右布政使張希舉會同按察司副使盛唐并黃州府知府應明德同知袁福徵各議稱呈晏家畈四距皆山中有平原屬麻城泰平僊居二鄉二十里甲西屬黄陂灄源一鄉八里甲南屬黃岡

上中和鄉一十二里里北至河南信陽等縣
委宜設縣禦盜安民以上三縣各里似應截
劃以屬新縣其城垣縣治學基俱原係各縣
士民義出地土先已草創縣廳學廟分司于
上其合用錢糧相應于本府庫藏隨宜措處
及三縣應割里分當季里甲丁石馬價官錢
之內酌量派出以為築城等項之費其城既
築則城內之地小民欲便僦居避盜則必欣
承鬻買又約得價二千餘兩再照姜家畈既

有新縣其原設岐亭捕盜通判當掣回府原
有防守民壯亦應仍留新縣守城其興工夫
役已于建議各民之家及三縣里甲之內起
派城磚亦有麻城黄陂灰窰燒造已數應用
及義令巨富之家願建之戶均分丈尺築砌
仍委能幹府佐一員總理則燒磚集木等項
庶克濟事不患無成等因呈奉巡撫湖廣右
僉都御史張批建設縣治既稱民情迫切誠
不容緩但事體頗重仰布政司會同按察司

并守巡道作速再加熟議詳報繳該本司署
印左參政藍璧會同按察司及守巡道議得
前項建縣事宜委屬相應況士民具奏樂從
官司累議穩便亟宜舉行等因呈詳奉批看
得所議具見事勢之急與民情之切仰司速
行會議詳奪奉此覆該本司左布政使徐南
金會同按察司按察使劉斯潔守巡武昌道
左參政藍璧僉事袁淳議照蒙家畈界居三
邑之間路當兩省之會山谷聯絡道路四通

其去縣者幾二三百里奸宄藏匿莫可究詰
盜賊劫掠綹搞爲難兼以錢糧逋負豪強吞
噬官司苦于勾攝民俗習爲奸頑既經士民
具奏願輸財力設縣至切又該官司集議措
置工費亦易且民多願助衆志樂從仍候題
請至日修築城垣分割糧里增設官吏建造
衙門等項事宜俱照各官原議一一舉行庶
地方寧謐生民安妥等因具呈到臣據此該
臣參詳司道之覆議稽查地方之險要參審

事勢民情之急切則宴家畈建設縣治誠不容已蓋其地雖屬麻城而中和鄉兩河口諸處則隸于黄岡黄陂二縣由畈而東乃桃花鎮則宋元之故鎮而岐亭鎮則隋唐之龍集縣也自古兵爭陸擾俱常設關置站矣遠一統則東路由舒蘄西路趨郢襄官使絶不經行政令卒難宣達宜平稅糧彼其適負而上累有司樂土被其剝擾而下傷民命且密邇承天

陵寢接壤德安 藩封三縣之要害一方之隱
憂緊焉建設縣治在今日所當急爲之所屢
該前任諸臣紛紛勘議經年未決葢以事關
興建創始造端分析錢糧截割地里頭緒頗
多坐是因循未有以慰斯民饑渴之望今該
臣重覆行勘前來會同巡按湖廣監察御史
唐繼祿議照麻城縣地名金墱姜家畈地連
荆豫山繞岡陵昔人倚爲重關盛代名爲内
地其間士宦毋慮百家生民不下萬族平時

拘攝則匝山依谷以自雄歲荒流離則累戶
成羣以爲盜錢糧緊急足跡無尋法度牽纏
徙居不定既經士民具奏又該官司屢議皆
稱本地風氣完聚既有得于地利衙門修建
又該出于民願其築城工費官吏俸糧等項
事宜誠如各官所議事皆有緒工可立成如
家
皇上軫念湯沐之近郊　園陵之篤厤　潘封
鄉境民社攸關乞　勅該部再加查議　上

請准設縣治　欽定縣名銓選才力知縣精
爽典史各一員儒學教諭訓導各一員并陰
陽醫學等官鑄給印信記前來任事仍撥附
近生員肄業　成命既下民志攸定官吏既
設職守允專其建築城池修造衙門措處工
費起派夫役裁省官員歸併河泊與夫割里
分糧審編徭役定造版籍等項事宜通候
命下咨臣等督行司道等遵照前議一一次第
舉行并行糧儲黃册該道攢造册籍收候查

考如此廢僻壤既粟之輩咸知政教而嚴險要害之區永賴安妥矣緣係隔省流賊殘害官難逢制民難存活懇乞　天恩俯順下情設縣彌盜保全地方事理未敢擅便為此會本具　題請

旨

規建

春秋凡用民力必書蓋重之也惟黄安自嘉靖癸亥經始斯民勞費十餘年始觀厥成乃邑大夫相繼綜理玆役者凡幾更矣願瞻學宇能不承思紀規建

嘉靖四十二年成城作四門郡二守袁應徵經之城週五百九十九丈一寸四分高一丈八尺費銀六千五百九十四兩內石工值五千四百五十四兩磚值七百二十兩灰值二百四十兩紵每丈費銀十兩八錢五分七發四門各有樓每門費銀一百兩其費議免嘉靖四十三年里甲之役每戶一丁徵銀二

兩五錢糧一石徵銀五兩隆慶二年兩城半圮郡二守王可大重葺完裁卑之四尺費銀一百一十四兩六錢八分其費查追先時免役逋負并括城中地價萬曆二年邑令應存初增埤高五尺費銀四百六十兩四錢取之稅契銀續萬曆二十四年因形家者言縮南城而內之起東南門豎城隍廟側共若干丈邑令西蜀李文芳請之督若千金及廢司基價而佐以贖鍰禮召耆老十四人經紀其事其門基比舊稍西數丈改水門之在廟側者從旁竇焉然未必獲形家之

應而城如彈丸大市居日僉蹙矣按此隆之所增
嘉靖四十四年新縣治　治眞城北鄉離中爲
理廳三楹右爲盈濟庫三楹左右翼爲吏廊各七楹
前爲儀門三楹儀門左爲土地祠右爲獄又前
爲大門三楹理廳後爲燕堂三楹燕堂後爲令廨
內堂五楹又後堂五楹左樓三楹右厨三楹　理廳西爲典史廨內堂
五楹外堂五楹　○隆慶四年作　御箴亭五年理廳
左爲幕廳又左爲主簿廳內堂五楹外堂五楹左右爲
吏廨各十楹大門內左爲寅賓館爲預備倉倉外

左爲陰陽學又左爲中明廳又左爲急遞鋪右爲醫學又右爲旌善亭門南百武爲譙樓樓四面甓砌如梓楔北榜曰寄百里民命南榜曰開萬世太平東榜曰孝慈里西榜曰仁讓里

隆慶三年新　先師廟者學宮督學慈谿顏公鯨記學在縣治西稍南址負乾而向巽中爲　先師廟前爲路臺左右爲兩廡各七楹　前戟門　門左爲名宦祠三楹　右爲鄉賢祠三楹　前爲櫺星門門前爲泮池廟後爲明倫堂五楹　隆慶五年作尊經

閣于堂後内藏四書一部計六冊易經一部計六冊書經一部計三冊詩經一部
部計四冊禮記一部計八冊春秋一部計十
冊通鑑一部計三十冊性理一部計二十冊
萬曆十四年邑令余相置閣右爲啓聖祠三楹堂左爲教諭
宅内堂五楹前爲應外堂五楹（補）公祠右爲司訓宅内外堂如左
櫺星門左爲學門三楹（補）右爲耿公專祠縣令李文芳請于撫臺疏奏
建造春秋二祭焉社學于學宮左
隆慶四年憲司于治東之南中堂三楹東西有序後堂
五楹東有廂前儀門有門各三楹（補）閔中蕭令恒重建
萬曆元年分司于治東（補）然邑僻上官按節者歲甚簡不廿年而垣

舍頽敗蒭爲荒草前令某請於當事者廢之
至西蜀李令文芳以價爲築城費云隆之增
萬曆元年城隍祠于城西南中爲堂後爲寢堂
東西爲廊前爲甍棹楔又前爲儀門三楹補
康熙四年闔中蕭恒安邑令改寢堂爲大堂五
楹
萬曆二年封社稷壇于北郭壇北有廳三楹封山
川壇于南郭壇東有廳三楹封邑厲壇于東郭
壇北有廳三楹
萬曆三年作演武廳于郭南稍西三楹

萬曆三季作飬濟院于東門外（補）閣中蕭恒安邑令重脩

萬曆三季置漏澤園于東崗知縣應存初斥俸買民地爲之

耿子曰興事有因績用易成維茲黃安規建豈不難哉縣址初名姜家畈中土磽确又當盜衝居民視爲棄壤雞犬之聲遯不相聞蓋虎兕然莽墟也前官司臨勘者一睹其然僉難之謂無民官誰與守以是報罷屢矣嘉靖辛酉余有西夏之命獲便歸省郡守天台慶明德氏贈余坊值八鍰余以請于先中憲貫

胡燦王紹文等田地一頃二十伍畝屬仲子
定理暨門弟王國佐劉廷諫等招民僦居以
爲建邑張本乃人懷觀望安土重遷雖數封
豕釃酒要約之辭有應者於時二三子芟草
而舍穴塋而爨聆兒啼杵聲欣然相詫以
爲希奇嗟嗟難矣難矣目今署廨賢亭廛市
廬旅漸已改觀時得仁賢撫循而興咏之將
樂利于無窮也誌我后人尚憶作始者之若
心哉於時臧寇綏良經費布規袁二守經畫

之功最矣刈莽啓宇粗成規撫林令也隆慶改元詔墮陶宮李令用仲子言申白雨臺取其材以營學宮故能巨麗如此嗣集其餘材作閣新譙樓者常令也至于葺壇墁增城埤諸所經營應令功居多先是集議稽諜上控下告二尹王國任趙文林兗祿丞吳可學等斯巳勤矣中主畫諾辨方度址則洞龍居士吳心學也

附德惠祠為應令作在社學前余有記

天窩山房縣南二十里巡撫趙公賢巡按郜公應鰲爲余建少宗伯淮海孫應鰲記

耿公專祠幷祭文在櫺星門內之右縣令李文芳請建有祭文（補）

祭文維皇上ム年歲次ムムム朔越祭日ム黃安縣知縣ム敢昭告于明戶部尚書贈太子少保諡恭簡天臺耿公曰天開地闢宮廣墻高經綸草昧禮樂爲昭於惟耿公誕降茲土種德垂鴻後光繼武禮崇國獻邦重典刑用薦俎豆啟我後人今茲ム節謹以牲帛醴齊粢盛庶品式陳明薦尚饗

橋梁縣南達會城路五十里曰銀錠橋六十里曰五里橋八十里曰太平橋二三橋昔吳公應澍元季建縣南稍西達會城路二十里曰通濟橋王二尹國任敘八十里曰行祠橋縣南稍東達黃州

路三十五里曰老實橋　縣西北達兗羅路四十里許曰火石橋六十里許曰高柳橋柳塘周思久氏名　縣南稍西達黃陂三十里曰陽眞橋西稍南十五里許曰遇仙橋

郵傳　城中有憲遞鋪十五里曰儒盤鋪三十里曰桃花鋪五十里曰五里橋鋪七十里曰八里灣鋪八十里曰太平橋高家林鋪由高家林至陽邏達會城舊郵也本縣公移達郡

城者亦由陽邏迂𤼵矣

雙城廵司在縣北三十里係國初建

中和廵司在縣南六十里係國初建

封域

疆埸綺分提封有界俾之守令有分土矣惟祖宗畫野離疆犬牙交錯豈直守禦哉凡此域中一夫不獲責有攸歸紀封域

隆慶三年郡二守王可大率黄岡令賈應璧麻城令穆煒黄陂令熊煒畫疆先是有司承委分里草率應塞止計里析之不按疆址里甲棼錯官民胥稱不便黄陂令熊煒申白兩臺

會委二守率三縣令臨境會勘于是議北由老君山而西逾黃陂站仙居山乳山冲口老山官倉河峰子山橋流河兩河口循鄉壇廟柏林港巴林石周登山馬吼山牛岡路口槐皮坳夏十一山紅麻山項家坳道明山以西逾南界于黃陂內析灄源鄉之里八屬黃安由馬安山紅葢山上竿山碎石嶺界牌逾紫潭河循道人山高家林香山寺黃岡嶺馬埠頭以南界于黃岡內析中和鄉之里十二屬

黄安由馬埠頭逾黄重九小河循霍家橋折
而東由萬明岡至松溪河泝謝家店河循賀
受山向打石山古城山觀音岩土門山王龔
山雙峰尖紫雲寨鷄兒岩石桿梘樹凸楊眞
山石丈山廟峰山雙山門東以北界于麻城
由凌陽山道士山青風嶺黄石岩逾西界河
至天臺山北以西界于光山内析麻城太平
鄉之里□仙居鄉之里□屬黄安初共編
戶四十里萬曆壬午麻城令文德承奏審編

縮太仙鄉之里三編戶三十有七里東抵麻城界約四十里至麻城縣一百一十里南抵黄岡界八十里至黄岡縣二百四十里西抵黄陂界四十里至黄陂縣一百二十里北抵光山界八十里至光山縣二百六十里西北抵羅山界九十里至羅山縣二百七十里袤一百六十里廣八十里週遭萬山綿亘如塹東西山外溪河絡之如隍畛域殆天造然惟東應自松溪河南下直割岐亭以西西應由

峰于河直劃兩洞口以東如是方爲元域此
初議也時當事者爲私臆所撓二方猶然混
錯後當有識及者識之以俟

封域　三

山川

黃安環山而邑原無千畝崇岡複嶺所在而是未可殫志志其著者

淮南江北之山大都咸祖嶓冢不具論已遡境内之山自縣西北老山始由此綿亘而北曰仙居山曰老君山曰天臺山山巔四週峭壁百餘仞惟一徑石磴可躡屬而升上約廣數畝巧若天造故名詳見勝紀曰雙門山曰周公凸曰寨基山曰廟峰山迤東曰石丈山曰張家山曰打磨山曰紫雲寨曰栽山曰遊

仙山迤南三十里而近衍爲平原邑首之由紫雲寨而東曰王龔山曰三角山縣東三十里三峯品峙如筆架北峯下有石洞深邃時轟轟有聲則風土人名之曰風洞云曰長龜山曰鄂家山曰輔弼嶺蜿蜒而西曰五雲山縣南二十里初名五名山明太守周思久氏易今名由嶺而北羣山合沓如窩因名天窩詳少宗伯孫公應鰲頌又南曰橫山峙于縣前左由老君山折而東曰平頭嶺曰聚英峯俗名打鷹尖余爲易今名下有婪筍塘寺曰楊台山迤南而西曰佛塔山曰浮雲嵒曰鮑家寨曰夾山曰七箇山蜿蜒而

東曰飲馬山一曰四馬山縣西南十里上現石狀馬故名明邑人吳心學氏結廬講業其下督學太和胡公直題曰洞龍書屋曰雲臺山踞于縣前右由雙山門而南曰木城寨曰清風嶺曰黃石岩曰酒醉山曰白石山曰大佛山曰箕子山由天臺而東曰黃楊寨寨週繚如壁上平衍宋元之季土人避兵其中活者億萬計事饒天台石壁曰雞公山由陽台而東曰燈籠山曰楓山已上諸山屏列邑北山也東由輔弼嶺豹龍山而南曰香山曰丫頭山曰錫丈山曰道人山由香山蜿蜒而西曰

卓望山西由鲍家寨而南迤西曰峩山曰磨盤山中曰孟嘗山曰道明山曰馬安山曰紅蓋山曰上竿山曰龍王山曰觀音岩曰孟嘗山蜿蜒而東曰大金山曰小金山曰五頭山與卓望對峙東抱溪流又中由大金山而東曰西巖寨曰鷹爪山曰陽和山又中由東山而東曰王子山曰獨山皆繞拱邑南山由由三角山而東曰大崇山曰尾斗山皆邑東之山由仙居山而南曰乳山曰羊角山曰峰子

山皆邑西之山也
河鮮泉源爾集山澗溪谷𣽂派流之承者俗
亦稱之曰河河因于山其端委可知也總之
惟三松溪經于左灄河絡于右經營域中者
紫潭河也諸隨地異名爾
紫潭河源出白沙關至境内曰界河至七里坪
西受天臺山腰磨冲方陂冲上莊畈諸溪之
水南下曰黄熊灣河一出雙山門東合廟峰
石丈打磨山之水西合慕雲黄石岩諸溪之

水曰袁英河至雙城與黃熊河合流稍下上門西溪之水經長興店入于河曰三河口南下三十里至縣西曰東流河其支西合陽台佛塔浮雲三溪之水曰金塲河入于河十里至龍灣其支東北出峩山沖又東合土門沖王龔山三角山五雲山諸溪之水曰陡埠河入于河下五里曰沙河西受童家港楊息橋二溪之水東受蓮花港銀錠橋五里橋三溪之水西受羊兒港徐家港之水曰中和官渡

河又下東受曾家港水曰八里灣河又東受滕花港臨湖港又西受行祠橋至太平橋港水曰紫潭河河由感化孫贊埠滙張大湖注之江稍可運筏夏秋雨水漲溢間可運百斛之舟苦不可恒以此慮旅之化居里戶之輸將惟艱矣乃批巖衝壅潴而爲潭迤北之東有葫蘆潭西有烏鵲潭雙河口有仙女潭至新安有李子潭牛石潭至龍灣北有玉屏潭西有周潭東有交潭南曰仙女潭至蓮花港

有鷹背潭至羊兒港有天井潭八里灣有清
風潭至界曰紫潭
縣東之河曰松溪河其源出鹿皮冲南與葉紙
河合流而下曰謝家店河南至孟家坊與板
門冲河合流曰松溪河達岐亭由栁子港新
洲史壩注之江
縣西之河曰灄河一出金局關一出黄陂站二
河合流南下曰雙河口西出乳山曰橋流河
又西出老山曰官倉河合流而下曰西河下

與雙河合流曰兩河口蓋灄河之上遊也達黃陂由團潭河灄口注之江

〔補〕棟按張家山界麻城不遠而金塲河則密邇邑脈者也自萬曆十年有客醫往來張家山下識有鑛墳近民咸掘取之所得不足補工餼之十一而死壓者幾四十人邑令余閑之而遂以爲禍本至萬曆戊戌歲

上以大工故經費不支援節內臣遍採天下吾楚則常侍中陳奉也讐民藉此鑛爲贄幣而

陳閣首駐麻城建旄萬山之中亡何又以金塲河告矣夏楚桁楊日磨山民于牙而虐熖熱可炙手邑簿鄭者以强力爭之而不能得括富室掠金珥饜之而不能得則有包賠而已山爲銀鑛歲包銀貳千壹百陸拾兩河爲金鑛歲包金貳拾肆兩而銷解秤兑之費十之三有司鳩夫開鑿費無算附鑛三十里内遠竄虛無人而咆哮之徒時時誅其負鑛官府仰屋洒涕那正賦以充之耳及至告密之

門一啓而以鏤簷羅以縉紳富室爲雀提影
逋株必飽餓虎之喙而後止則宇無寧矣余
方乞告里門而適有起補之　命馳至　闕
南北章如丘阜不見省而吾楚逮監司逮守
令惟陳閹之所欲聲天下洶洶稱楚氛爲甚
惡余又銜　命而按吳越矣何以對此父老
之望乎余不揣謁陳閹陳説利害數百言而
介以身請而兩鏤者并得罷嗟嗟以天下至
横之閹全楚之所不能得者而獨得之吾邑

豈畏驪龍之睡抑亦飽虎之不噬耳向使
至上不收奉易代杜閣楚人之鼎沸吾安知所
終始乎按此陞之所增

附古蹟

古蹟匪以侈勝志感也世代遞遷理亂靡常
滄海桑田古今喟嘆以有盡觀無盡所恃以
不朽者可思矣志古蹟

邑東二里許有杏花村里諺云桃花店上沽好酒杏花村裏產賢人賢人不知爲誰或爲來讖有泉甚甘冽七里許地名新安有義倉

址秦氏彬置龍麟洲先生記十五里許地名九官店有樂壽堂址亦秦氏彬置龍麟洲先生記

邑南二十里天窩山之麓有明教堂址未詳誰氏作堂名明教義可思也三十里有桃花鎮宋元時此爲孔道即此爲鎮上有燧臺每舍相望有塔宋[redacted]年建六十里有三公井吳公應澍鑿以濟行旅者吳公好義樂施人德之祝頌其後爲三公故名吳公所鑿井凡十有九此其一云有施粥坡吳公于此作午炊以給旅人者四十餘年因名

邑西北四十里有金局關前代此中方十里内土產金此爲搉金所後金乏淘金户徙卧李氏[redacted]奏罷今名罷金場云九十里有黃陂站

宋元達京郵傳也自桃花至漢津自漢津至此各三舍許有遺碑記各站户姓名

邑北三十里有聖人湖原中可三十餘畝滙水不涸未詳名所自始

有雙城塔元季僞相鄒普勝馮瑄佐徐壽輝據此北打鼓嶺南繫馬冲皆因名塔郎所建見存

八十里有天臺石刻勒文台上石壁字蝕剝難辨嘉靖壬戌別駕汪廷美氏偕余遊此用水濕壁辨得十之六七文曰勘會端平初襄漢西淮為　擾亂丁酉歲浮光失守民無所歸彼時奮發忠赤欲立寨安衆而難得地利獨此山鼎峙形勢險峻四面如壁止通一人往來石竅泉湧冬夏不絶傳聞古人守之以無虞遂集衆在上創寨[illegible]備器械大勢連月攻打莫敢近傍由是光信殘破之民擁堡來依屯聚十萬衆果能全活戊戌丞相史嵩之都督荆湖孟珙制置差官旌賞請總衆防柘江西援

命加職進歲捍守獲提淳祐三年義陽李太
守知黄州府麻城民戶復叢檢校本職兼守
茲寨有功遂撒再往經理九村捍禦五關自
入寨充心措置收拾草莽間逃難者于江南
廼載種分布耕養每年犯境勦殺敗退前
後擒大頭目回回漢子無數[redacted]
[redacted]都制楊將軍芮御帶
鄭太祖提舉黄州守備申明首賞[redacted]陞推委
令提督白石黑石三角山木欄洞獅子崖王
[redacted]峯德勝長興齊安十寨一民無遺況所部
部將士皆是隨袁光信安豊之民數載久擾
誓欲掃除以[redacted]閃道聚戰興[redacted]開龍井
造聖殿[redacted]凡與同盟廬立勞效
曲求安薦圖立大功亦可爲今日之大義則
一時之盛事也可不勤石以紀其名使後人
知之不沒世哉皇宋淳祐戊申五月旦日
黄州[redacted]元義民總黄陂縣尉提督光黄諸
山寨本山砦劄[redacted]胡大興刻石司帳前統

制余
又了心關石壁刻文曰照得　兵自壬辰紀
定侵犯京湖入淮西殺戮生民擄掠牛馬至
乙未丙申荆襄失守連年侵入淮西有彼近
光州光山縣第三都水吉保操正將部本部
民修開小臺山石門以防栖老小牲畜　兵
數攻不利退卻而去時歲次丁酉嘉熙元年
八月系訖
■正總轄官湍校尉
耿子曰此一壞也昔栖壘岩今安屋市昔驚
刁斗今耳弦歌伊誰之賜哉康衢之謡當爲
今日頌矣夫吳秦兩公富好行德百世之下
履其故墟有遺思焉彼徒自封殖秦越族里

忽視其殍徙而不加恤者何心哉郎界布山

積没亦已矣疇能永世耶

黄安初乘

山川

天窩勝槩

邑南二舍許山曰五雲層巒聳翠蓋邑奇觀
也自山巔迤邐而西羣山合沓環而如窩故
稱天窩云窩中林木蓊鬱石泉沸出常稔之
田可十餘畝居常藏息不姝人境閒臨高周
覽恍身居太清而俯視塵寰也窩北有山如
屛西有山如蓋以故時雖隆冬朔風不能侵
雖盛夏炎威不至酷而東南隅則又皆凹而
如闢杲日方昇薰風徐來此中獨先得之識

者謂其高而能含幽而能豁隨處可宅與時
咸宜其勝槩如此

天窩書院頌　淮海孫應鰲

黄安邑南曰五雲山幽焉能豁高焉能含綿
邃昭曠爲邑奇觀山陰則刳辟如臺山陽則
中凹如屋四序煦和百嘉叢簇淑氣攸鍾仙
壺爰豈邑有道仁人楚侗耿子千兹卜築闢
紫芝之洞房啓白雲之盤谷錫厥異稱命爲
天窩萃弟子以講德邀朋儔以嘯歌恍乎如

身居淸都而下俯寰宇浩乎如胸蟠雲夢而廣包大羅也廼有臺使汝泉趙子大參庭舒子下令邑吏備材鳩工飭蠱建閣緯棟立其崔巍精舍成其煌煥匪以侈覽觀恣恬嬉寔因表賢喆資來學于是莛偕舊友淮海孫生忻聞厥聲驚覩厥成悵懷往之既阻將奮筆而紓情用紀美事俾垂永名期同遊之大雅證斯文之宗盟云爾頌曰翠微兮環繚雲鎖兮空谷聯九澤兮軼風聳千仞兮垂崛山迤邐

兮西塞叉合沓兮南脊儼韞藏兮如窩窾都
搖兮能掇窩中人兮君之子楚之侗兮咼韡
韡搆筌檽兮落橑服蓀佩兮荷屨泉洒濤兮
飲而甘木紛鬱兮息以陰蘊隆洒濯兮嚴寒
爍温烟月徘徊兮風日與駝楚之侗兮澹居
此鄰泰清兮棲顥始昂若思兮曠若委植若
株兮泛若止一几兮徜徉焉有兮混茫逢不
悶兮德符掇不跛兮天光偟窩中兮來往謁
金闕兮心賞惠我人兮不刎以杭絃歌誦兮

式昭以朗懋之侗兮涬冥天降鑒兮芳馨毓
紫芝兮玉英煒金跗兮重華辰象精兮璲允
發兮藻并兮攢柯檝靈根梃兮獨茂碩瑞應
圖兮罔湮闕我所思兮窩之陽楚之侗兮壽
而昌欲往從兮遊陰康聊離即兮阻河梁春
秋不淹兮道可愛鄉風舒情兮緊還覲楚之
侗兮思故舊倘眠我兮 在左右

天窩行

天窩高高幾許我誠不知其幾千萬丈但見

五城十二樓金光掩映紅霞裏中有仙人者誰之子方瞳綠髮披兩耳羽衣蹁躚　鶴翩瓊玉爲漿芝爲餌奏鈞天之廣樂騎飛雲之翹履前導安期生後擁赤松子容成洪厓分左右顧我燦然啓玉齒授我一靈丹令我長不死稽首再拜之服之頓覺沉痾起神清氣爽毛骨輕一日飛行幾萬里仙人仙人我尚欲遨遊九垓之上六合之外豈予勞乎任其所之借君青鳥一隻騎乘風御氣常相隨

五雲山　　同安李獻可

凌空石壁鬱嵯峨徑复參差隱薜蘿嶂擁

來千雉壯三台近處五雲多（舊三角山今更名三台）憑

欄高閣煙中賞策馬荒郊霧裡過獨怪川靈

爲泰運邑城今日始絃歌

十三

天臺勝紀

天臺山者楚魏之交山也其山形類臺巧若天造故名天臺云由黄安北六十里而遂至界河高枅橋折而西從谷口入可十五里許至平頭嶺嶺峻而險若天塹限隔人寰者由嶺下行三里許折而北里許爲牛耳巖轉邊菴菴巖北躋磴縈蘿而上三里許有洞高廣可二丈許深可三丈許洞前怪石羅列如臺如几如御如虎奔可憚狀奇花異木繽紛葳

綫若人夙植然者余壬申夏而一至其中題曰上上洞命叔子定力子健書甲戌子徵甫思久氏遊至此中作凝神二大書并紀詩一絕云歷磴攀蘿入紫霄披雲趺坐慮全消花間喚出仙童子閑倚洞門吹玉簫自洞下復循前道仍折而西緣溪逕入夾岸林木鮮美芃芃掩暎岩石瑰奇遁呈異狀一帶溪流縈迴潺潺涓涓如鳴珮擊玉倏湍激如飛雪噴珠倏匯集如碧鑑水壺即淵明所記桃花源

逕度未之尚已行十數里許至赤城寺寺在山麓由寺後山逶迤而上可六里許始至山巔臺故在山巔也周環皆石峭立如壁高可數十仞上廣可數畝止一逕可躋按壁鐫宋元祐七年開者從臺趾上凡一百五十餘級至離垢門又一百二十八武上至息緣門又七十二武至達天門是爲臺巔三門名皆余萬曆甲戌年所題子徵書息緣門左石壁鐫宋端平時事令人悲楚顧其文蝕齧不可盡

讀已離垢門左有石如座曾博應德劉思召氏已夫春遊題曰坐忘臺叔子壬申夏追書之叔子復題曰鳴琴處舊臺而右兩石谺谽中有石隱隱如龍狀子徵題曰卧龍洞洞前有泉從石竅出帥石鑿池瀦之一夕積可十數斛歲旱土人致虔取水歸灑之可致雨余題曰作霖池叔子書池右從石穴傴僂伏地入數武有窟向離前有石如盤上可坐七八人隆慶已巳自下焦太史竑弱庚辛六子入

座其上咏詩云儘將雙脚壓崔嵬下視青天萬里開飛騰莫訝不知險曾踏爭腸百折來因題曰七子臺子徵復題曰抱奇窩臺西南岡有石如香几右有石不如鼎爐余因題曰告天爐子徵書臺東西山並峙于前其峭壁皆如臺差小而脩又一山尤小而崒嵂附麗于右兩山之後又兩山亦如臺狀降班並峙始若子弟負墻環橋質疑請益亦如昆季駢肩連袂既翕而共學也載登臺巔騁望萬巒千

巘合沓環拱其從若立其暌若伏又如始如孫子繩繩林立膝前如億萬卒徒赳赳桓桓從大將旗鼓而聽節制者壬申夏余名其臺之大者曰伯臺前中曰仲臺右曰叔臺左曰小臺叔子書仲臺叔臺兩山故聯亘屏立從東北上者無實可入蓋宋嘉熙間始刊道以便淮蔡之避元兵者今兩石桂立如門子徵題曰了心關叔子書關右有巖西向子徵題曰留月關右有壁東向題曰賓陽留月巖巔之

左有石上覆如盖前有古松數株王徵題曰
撫松巖賓陽壁左即小臺也上有怪石古松
存甫吳心學氏尤愛之題曰披雲峯予徵書
由臺東鳥徑行十數里許爲黃楊寨以巖多
黃楊故名周廻峭壁亦如臺上平壙可田可
池宋端平中全活十數萬衆計必屯聚于此
西二舍許爲老君三舍許爲仙居四舍許爲
佛塔三山蔵暨乎其後北面于臺云余嘗謂
此山之勝不獨擅奇一方即寰中諸著名山

似不多讓彼兵亂之季生靈憑其險阻得以
全活者其麗不億爲民立命之功爲尤鉅矣
乃其弘美有功不甚章章顯著則以界在遠
徼高蹤之足音罕至而文獻之爭鈌如故也
美合不章功崇不伐可謂至德也已矣予徼
兹綜其勝槩列爲十景徵詩同志以侈其勝
詞宗學士是始矜美競美故知抱至德者未
始終不遇也雖然是豈此山之情也哉

了心關　坐忘臺　留月巖　賓陽壁

撫松巖　披雲峯　作霖池　臥龍洞

抱奇窟　告天爐

天臺遊紀

嘉靖乙未暮春余時奉　命使衛趨省在里爰偕學博應德劉師召氏始遊叔子定力秦生思君從爲兩留滯魏氏宅數日仲弟定理偕從兄[illegible][illegible]定策族弟定曉暨王生國佐秦生鏞德修等數十人追隨後至停數日方山人[illegible]與時亦至因與同登黄楊寨失道穿

芥綠巖下共飯牛耳巖余道士菴而還越壬戌秋中余時與學南幾過里中復偕應德暨太守子徵周思久氏大尹□劉方氏遊余兩弟暨劉生廷諫秦生思君思通等十數人從停數日踰越隆慶丁卯仲冬余轉大理在告山居賓陽李大參渭湜之時守部入覲過余問學因與之遊從行者兩弟暨方生民昭等十數人也踰宿別余偕二三子從饅頭嶺循八家畈踰存甫吳心學李其爵□共學

追隨未及遇湜之于平頭嶺斑荆與語存肅
因奮起力學云己巳新春白下無生茲弱矦
幸其後霍丘田生既啓李生能立能化李侯
予予與之遊兩舒暨秦生思君等二十餘人
從兒汝愚侍時弱矦爲余賦北山有臺什驗
日爲上元節叔子誕辰也是夜二三子諸相
切劘爛爲脆戀叔子次第其語爲天臺別討
以貽弱矦而浮光同志友[illegible]官思恕氏叟
杖筇寒衣會因與從東道趨過其宅再衙與

翁侯別而還辛未秋中余偕仲子暨胡生楚材劉生綸劉生廷諫方生民順等遊至牛耳巖余憊而還因有精力大減之慨仲弟前曰籍令子徵諸文在行亦倦遊否余愕然有味于輔仁之言云壬申而夏余復約子徵重遊留方氏宅數日遲子徵不至遂偕方生民感民忠民恕民順民熙暨劉生廷諫徐生中立從青風嶺來遊至牛耳巖始得探洞之奇蹤徧登臺留數日方氏諸昆季聆余語俱有省

發疆簪意時叔子以冬官使吉州過家得從
遊命作諸大書鐫各巖壁間題甲戌秋八月
余時起爲符丞奉　命使魯藩題省桓里偕
子徵暨[redacted]萬茂氏遊王生國佐方生民感
昆季從從子汝霖汝念侍祁十發黄安宿方
生民順宅次日宿牛耳巖十二日登臺踰日
朱子子相暨浮光屈子發官子思憲至踰日
仲子偕吳存甫周生芬至再踰日既望子徵
縣弧辰也余趣[redacted]諸友賦詩爲壽詩見汝愚

自館中賦天臺高呈上是日方氏昆季治具諸友以次稱觴已余念諸子第備筋力忘險遠相從意于徵有以教詔之者座中側觀子徵色初愀然若有深念已始漸閞乃更端以請子徵曰余十季前此日亦效俗宴集鎮日閧然勞擾止辦一醉飽甚無味也十季後以慈巖繼背至日率避客山庄或寓蕭寺則亦岑寂甚矣今寓茲奇蹤即登頓超忽一不見其勞藉良朋萃止匡坐譚言又匪往之岑寂

則皆諸君賜也顧何以報謝第矢彊勉爲善無媿此餘生庶不相負耳子徵語辭若引而不發意則篤至矣余聆之懼然一時座中聆者若感有感省云余惟此山當宋元之季鞠爲戰壘矢石交馳刀斗相聞民集其間如遊釜魚懸幕燕藉此苟全性命即爲厚幸至慶雖有勝槩麗景誰則樂之嗣天降康 眞人御宇宇內寧謐東西南北之人各散歸故里而此山故僻在一隅不當孔道無論冠蓋章

縫不聞足音即收兒葬豎至其中者亦罕矣則又何落莫甚也茲余儕幸生際承平里中朋輩諸賴天啓共志斯學是始引類聯羣時相羊容與其中商心談道匪爲逸豫上下千古間如此佚盛不審曾一再見否撫今思昔其知所自也夫其知所自也夫

跋

叔子定力

考槃卒章曰獨寐寤宿永矢弗告釋者謂誓不以樂告人也信爾是山之樂何待朋來耶

余邑北山有臺天作奇勝伯子時率一二三子徜徉其間逍然樂也兹紀其勝景示我後人愛徵賦咏其繁并告之意也

天臺

誰壘層臺看此岑淇濛天造到于今盤[illegible]仙掌朝承露泉注瑤池早作霖雩立中天成玉柱風廻石鐙振金鈴到來絕頂援琴鼓曲[illegible][illegible]千巖得我心

其二

足躡丹梯步紫雲息緣離詣達天門（鵠息緣離詣達天臺三門題名）一聲長嘯千溪應四顧低回萬巘齊
崛起孤標身建極石交聲聚軌移文化工巧
作支天柱好烓銀釭破夜昏

其三

臺傍青天可扣閽嵬然獨踞衆山尊乍疑滇
渤橫波浪亦似高堂列子孫楚魏光黃表封
域河淮江漢水從分飡風坐雪經千古漫攤
蜃樓吞海氣

重遊天臺萬曆癸巳九月也

惟昔嘉靖丁巳仲弟子厚携友遊遍道其勝予因偕劉應德周子徵官[redacted]吴存甫諸門弟繼遊八七萬曆丙子先通議年八十曾一遊余時年七十叔弟子健輒行年亦五十也

自與兹山有夙盟不辭老病往來輕看雲憶昔思何癖藉石書游事幾更八袠翁强七袠子五旬弟傍七旬兄兒曹爲續岡陵頌欣對

山靈一舉觥

其二

解紱歸來苦病侵，愛山時復強登臨。蒼崖不蝕千秋色，古檜猶垂十畝陰。風谷坐驚饑虎嘯，霜林臥聽曉猿吟。舊遊觴詠今何在，手把茱萸淚滿襟。

題天臺別意圖贈李士龍二首

層巖崒嵂與雲平，一望闕門紫氣橫。地坼東西分汝漢，天連南北見嵩衡。丹丘幾度[illegible]

子自髮孤征念友生此去秣陵江萬里臨流
應憶濯長纓

其二

天臺佳氣鬱蔥蘢悵別瞻依意不窮路側徘
徊吾道遠尊前處贈古人同當年屢見二三
子今日相看七十翁一覽代宗天地小無勞
西極訪空同

宿天臺頂　　　　　　　　温陵李　贄

縹緲高臺起暮秋壯心無奈忽同遊水從霄

漢分荊楚山盡中原見豫州明月三更誰共醉朔風初動不堪留朝來雲雨千峰閉恍惚仙人在上頭

題天臺十景　　安成鄒　善

了心關

了心亦何期一了一切了疇能度此關閑坐聽啼鳥

坐忘臺

厓上雲相逐誰是坐忘者有羽昇此高臺中世外

任瀟洒

留月巖

明月照空山山空月自佳清輝夜半發欲去仍回顧

賓陽壁

日去扶桑東偶此成賓主纖陰不暫停堪與神明伍

撫松岡

岡上有孤松與來時一撫聊同五柳翁閒作

三徑主

披雲峰

雲散瀰蒼穹雲歸仍太空披雲誰氏子獨立向長風

抱奇窩

抱奇亦何爲可似荆山璞寧老萬山中毋運匠石琢

臥龍洞

龍卧洞雲開抱驪與世絕豈忘行雨心且任

泉聲咽

作霖池

池中有老龍卧此忘春冬　誰倩池中水飛洒

遍提封

告天爐

我心一天心告天猶告我終朝對此山默默

自印可

北山有臺　自下焦　竑

北山有臺南山有窩鬱鬱中林泛泛横波樂

只君子來遊來歌
南山有高北山有臺興雨祁祁育彼羣材樂
只君子其心孔諧
有臺崔嵬萬山宗之樂只君子四國同之
爾德茂矣如山壽矣永昭文德同此四國
弱侯作頌清風珊珊願言同心共登此山登
無燕婉遊非其鄉不見飛鳥隨風呂翔

物產

域中厥土磽确厥山多童即山岡之間俗名曰冲附山之麓俗名曰塝山陂溪曲稍衍而平者俗名曰畈壤之原隰可田者不盈十一厥田類下下即稱中者百一耳

太仙之東 尚家廟下下 大楊岡下下 九官店下下

嚴家冲中下 易楊冲中下 葉紙冲下下 鹿皮冲下下

王祥畈下 紅花冲下 板門冲下下 八角廟下下

長沙灘下下 謝家店下下

東南霍家冲下下　桃花鎮下下　長冲下　孟家坊下下

杉溪河下下　官家橋中下

東北蘆子冲中下　墨烟冲下下　土門冲下下　王龔冲中下

打磨山中中　割茅冲下下

其北箕子山下　龍井冲中上　蘇家河下下　新安店下下

打鼓嶺下　峩山冲下　四旺冲中下　陳僕畈下

王穀畈中

西北繫馬冲下下　可憐畈下下　上莊畈下下　湖水下下

七里坪下下　方皮冲下下　腰磨冲下下

其西　祁家畈下下　曾隆畈下下　金塲畈下下　烏石坡下

漢滸下下　金局關中下　濫泥冲中上

其西南　遇仙橋下下　似馬山下下　象坡嶺下中　高[illegible]

其南　龍灣下下　沙河下下　曲家畈中下

中和之東　桂家畈下下　土墩頭下下　馬埠頭中下

曾家畈下下　石壁冲下下　紫潭下

其南　王子山下　牟兒港下　大金山下　小金山中下

八里灣中　行祠橋下　網石嶺下　天[illegible][illegible]中

其西　童家港中　楊德橋下　九龍冲下

澴源之北　棗林畈中上　茅家冲下　呂王城中

雲盤畈中　易家冲上中

其中冲中雙河口中楊家冲中

其西乳山冲下楊家冲下

其南祁家畈下

穀之類曰稻（收有遲蚤色有紅白名有甚多總粘糯秔三種）麥（大曰牟小曰來）

蕎麥 菽（豆之總名）芝蔴 蜀秫 黍 粱

稷 粟 蘆粟 黄豆（其種五）菉豆（其種四）

黑豆（其種二）稗（野小二種）家豌豆 赤豆

蠶豆 刀豆 扁豆 豇豆

枲之類曰木綿 麻 檾麻（俗作捆麻）葛 苧

蔬之類曰白菜 芥菜 芹菜 萵苣 茼蒿

菠菜 蘿蔔 胡蘿蔔 莧菜 馬齒莧

葫蘆 瓠子 蔓菁 蒜（野小蒜）葱 芫荽

韭、菘、薤、芋、一種茄、木耳、茶、芡、

筍、百花菜、荠菜俗作地菜、荆芥、蕨根可爲粉救荒

椒、地藕、土卵、美人薑、苦蕒、天茄、

莙薘、軟齒、剪刀菜、鋸兒草、鷺兒腸、

王瓜菜、筆管菜、蕓子菜、蕺即魚腥艸

果之類曰栗、柿、桃、櫻桃、山櫻桃、樓

柑、羊桃、棗、杏、李、秋李、核桃、

蓮蓬、藕、菱、芡實、石榴、山葡萄、

梅、梨、沙果、平果、銀杏白果小者、芰

橙、榛、荸薺、茨菰、鵞花一名茶花、山査

橘、枇杷、丁香、柿、八月爍、癩葡萄

毛栗

瓜之類曰西瓜、南瓜青黄二種、冬瓜、蕬瓜、王瓜、蘭若瓜、菜瓜、甜瓜、木瓜

木之類曰松、栢、檜俗作莿栢、椿、槐、栗、柘

柳、梓、杞、桐、楊、棗、樟、桂

棠梨、柳、棠棣、樗俗作臭椿、黄楊、梧桐、楓

杉、檀紅白二種、苦楝、烏桕、冬青、水瓜

蠟樹、皂角、楓、牛筋、黄荆、櫟、漆、楮、構（皮作紙）、榆、石楠、糯草樹（結棓子）、壤皮、段木、櫰香（即兜婁香）、砲桐。

竹之類曰三月竹、五月竹、斑竹、紫竹、水竹、慈孝竹（俗作叢竹）、苦竹、瀟湘竹、鳳尾竹、簝竹（竹小葉大）、筀竹、石竹。

花之類曰牡丹、芍藥、辛夷（即木筆）、玉蘭、玉簪、蜀葵、黄葵、桂、萱（一名忘憂，詩云焉得諼艸）、並頭蓮、蓮、菊（品類甚繁，名亦不一）、茨梅（紅黄白紫）、十姊妹

槿舜華也詩云顏如舜華蕙、薔薇一本紅白紫色芳香可愛、臘梅

地棠、酴醾、海棠、千葉榴華而不實色絕濃豔、千

葉梅、杏、絳桃、碧桃、紅梅、綠萼梅

鸎粟、夜合一名合歡古稱蠲忿花細如絲朝開暮合、山茶、剪

紅羅、金盞花小而圓色黃如金、金錢、雞冠、老少

年、迎春柳、木香、木樨、杜鵑俗作映山紅

羊躑躅、紫薇、紫荊、石蘭、瑞香、天

竺、玫瑰、簷蔔俗作梔子、金鳳、秋海棠、龍

鬚草紅黃二種、火熖草、芙蓉、凌霄、山蘭

月季　水仙　丁香　百合　款冬　一丈紅

草之類曰芭蕉　菖蒲　薜蘿　荇一名鳧藻　蓼　馬蓼　蘆荻　苔　萍　靈芝　雞頭　荊棘　藜藋　燈草　馬蘭　蘋蘩　薰蕕　虎耳草　艾

藥之類曰紅花　芫花　金銀花　金紅花　益母草　旱蓮草　谷精草　[illegible]草　鳳尾草　豨薟草　夏枯草　鴨掌草　茜草

馬鞭草　狗尾草　酸漿草　木賊草　鼠尾草　土牛膝　土枸杞　土防風　蒼耳子　梔角子　香附子　覆盆子　車前子　五倍子　牛蒡子　貓卯子即白薇　兎絲子　草蔴子　鳳眼子　水仙子　金櫻子　地骨皮　桑白皮　地榆皮　白蘚皮　五加皮　天花粉　瓜蔞仁　紫地丁　天門冬　麥門冬　土茯苓　青木香　石菖蒲　白部　白芨　白芷　參　苦參　丹參

土人參　沙參　大藍又名木藍　小藍又名蓼藍　蒿藍

蒼朮　桔梗　白茯苓　紫蘇　薄荷　荊

芥　大蘹香　馬勃　牽牛　山楂　瞿麥

扁蓄　百合　苜蓿張騫使西域得種雜生　石韋　三

七　黃蘗　黃精　大薊根　包巴根　葛

花根　商陸　木瓜　石干　貫仲　草烏

南星　半夏　草黃連　破銅錢　細辛

白芷　軟硬柴胡　茵陳　山當歸　赤芍

貝母　香薷　山藥　槐花　白蘞　金精

石、金毛狗脊、山木通、淫羊藿、王不留行、劉寄奴、大薊、小薊、蒲公英、海金沙、旋覆花、菊花、山厚朴、山杜仲、楓乳、蒲黄、松香、山茨菇、薔薇、仁、山黄蘗、羊躑躅、青箱子、蓮蕊、草決明、天丁（俗作皂角針）、白扁豆、桃仁、杏仁、白頭翁、辛夷、柏子仁、冬葵子、地膚子、山升麻、大戟、江板龜、自然銅、青藤、排風藤、獨活、芎藭、蒔蘿

半邊蓮　夫蓼　吳茱萸

禽之類曰雞莊子稱爲時夜記曰翰音　鵞　鴨　鴿　鳩多種

燕胡燕斑襟声小越燕紅襟声大　雉　黄鸝　鶯　布穀又名謝豹杜宇

杜鵑與鴨鵝相似但鴨鵝頭上一点白　子規又名鸑鷟伯勞鶗鴂　啄木

鷓鴣　雀　鵲列子云乾鵲噪而行人至　鷹　鶻　鸇　烏鴉

能反哺者曰慈烏　白項烏　地雞似雉　鴈　梟　鵞

鴛鴦　鸛　鷺鷥　鸜鵒俗作八哥　百舌　翡翠

搖公鳥　鴽三月田鼠所化　苦雀　紅鵞　鷗　青

鶾音虔　鸕鷀　謎魚子　水鴨　鵲　蝢鷄

秧鷄　叫天　黃豆眼　鳶　銅嘴雀　鷂
梟　鵰　鴟即鵂　鶺鴒　鸂鶒　畫眉　牟雀
鷦鷯　鴿鷹　鷓鴣　鷃鵙　孝尾　竹雀
麻鷄似鷄而大　蒿雀

獸之類曰牛　馬　羊　羝羊　水牛　驢
騾　豕　犬　猫　鼠有白者　松鼠　狐　兔
狸　虎　彪　狼　鹿　麞　麝俗名香獐與麞不同

麂 豺狗 猴 貛猪狗二種 獺 蝟 黃鼠狼

野兔 野猫 果子狸 猴

魚之類曰龍 蛟 鯉 鰱通作鱮 鱅俗作[illegible]鰟[illegible]

鯽 鮎 鱖蘇子云巨口細鱗狀似松江之鱸 金鯉 草魚

烏魚 鯣 鱎俗作鰺兒 沙口 黃鮎 夾眼 玄

丁 鱣 鰻鱺俗作自鱣 鰍 蝦 火燒鳊 黃

鴨丁 石賢頭一名杉木片 屎鋼魮 鰌 魴

仆涉溝 田骨嫩 黃藪 鯮 鱤 鯿

鮊

介之類曰龜 鱉 鼋 蚌 蟛蜞 螺 蜃

蜆子

倮之類曰蜜蜂 蜂 蝴蝶其種甚多 蜻蜓種亦不一 燈

蛾 螢 蚊 蠅 雞婆子 蝗 螳螂

蚱蜢 蝙蝠一名伏翼 黃奶蟲 蜘蛛列子云蜘蛛集而百

蟢　蠚　螟蛉 蠕、蛇其種甚繁　烏稍　蝎　虺

蜈蚣　蝘蜓　蝸牛　蟻　蟋蟀一名促織　螢

蛤蟻　蜉蝣　地蝨婆　虻　蚤　蠛蠓　螽

蛙即蝦蟆　蝌蚪　蟾蜍　螮蝀　螻蟈　蚯蚓

蟯蝍　巴毛蟲　蠹魚　蛩　螭虎　螞蝗

壁虎　牛蠅　蝝蛆　螘　蠖　蟬　蜩

賦役

世儒者類粗簿書而高談性命然乎不然葢聞儒者之言曰爲天地立心爲生民立命旨若淵且閎矣今郡伯邑長非斯民所恃以宅生而寄命者哉即茲簿書中故斯民命脉所存也司牧者實能於此覃精討畫則生民之命由之以立立民之命故天地之心所由立也蒙莊有言曰道在糠粃今日性命之精在簿書非耶余邑新造其賦若役葢雜三縣之

額而參錯之條目煩多有司至不能舉其數故雖足智遍敏之士亦惟瞋目張吻聽命於胥吏行耳而各邑之逸奸逋猾又率以我邑爲藪窟株連根蔓於茲凡所以罔上漁下者窮智殫巧遞相承傳其蠹孔弊竇未可殫詰也萬曆癸酉仙居應君始作條編法民稱便越丁丑余取其法潤飾之爲規則以授宣化孫君上之前　撫臺陳公瑞允行之五年辛巳順德黎君載奉後　撫臺陳公省檄益加

節縮計會歲冊夫及行會稽余君相代承直指涂公杰撽劑量裒益焉十年間法益四議矣余爲此慮深也志賦役

戶口

按周禮鄉大夫以歲時登其夫家之衆寡辨其可任者國中自七尺以及六十野自六尺以及六十有五皆征之國中貴者賢者能者服公事者老者疾者皆舍 國初洪武己酉三年詔戶部籍天下戶口置戶帖籍藏於部

帖給於民凡行郊祀禮以天下戶口錢糧之
籍陳於壇下祭畢乃收重之如此其制民年
拾陸成丁凡供需及一應徵役皆與田糧兼
論六十免

宣廟嘗謂侍臣曰戶口盛衰足見國家治忽其
盛也本於休養生息其衰也必由土木兵戈
觀漢武承文景之餘煬帝繼隋文之後開元
之盛遂有安史之亂豈非恃其富庶而不知
儆戒乎漢武末年乃知悔過煬帝遂以亡國

玄宗至於播遷皆足爲世大戒至哉　聖謨深燭息弭之本矣惟　國初驗丁報業法詳且嚴以此民無曠業藉無隱丁自貢民僞日滋料之爲難余觀中和戸籍半屬隱名漏源虛丁浮於下戸豈非政之巨蠹哉嗟嗟王成之增徒盜虛聲尹鐸之損卒成保障願司牧者務此勿務彼也

原額戸伍千捌百肆拾壹戸内收黄冊壹千玖百陸拾伍戸麻城貳千捌百玖拾叁戸黄陂

玖百捌拾叁户○口柒萬玖千零陸拾捌口
内收黄岡貳萬叁千壹百陸拾口麻城貳萬
玖千捌百捌口黄陂貳萬陸千壹百口
嘉靖四十三年額分成丁玖千零柒拾肆丁
隆慶三年册開成丁捌千伍百陸拾伍丁
隆慶六年册開成丁柒千貳百貳拾玖丁
萬曆十一年知縣黎　清審册開陸千貳百
貳拾肆丁
太仙　中和　灄源

嘉靖肆拾叁年叁千柒百叁拾貳丁	貳千貳百伍拾玖丁	叁千零捌拾叁丁
隆慶叁年叁千壹百伍拾柒丁	貳千貳百柒拾貳丁	叁千壹百叁拾陸丁
隆慶陸年叁千貳百玖拾陸丁	壹千陸百伍拾貳丁	貳千貳百捌拾壹丁
萬曆拾壹年貳千貳百玖拾柒丁	壹千柒百叁拾叁丁	貳千壹百玖拾肆丁

田制

原額田地塘貳千玖百壹拾玖頃陸拾陸畝貳分捌釐貳毫內收黃岡壹千叁百零伍頃玖畝叁分麻城玖百零柒頃伍拾陸畝捌分柒釐貳毫黃陂柒百零柒頃壹分壹釐

萬曆拾年括田地塘共肆千捌百壹拾貳頃玖拾肆畝伍分肆釐貳毫

太仙壹千玖百肆拾伍頃陸拾肆畝伍釐肆毫

中和壹千壹百叁頃貳拾陸畝貳分叁釐叁毫

灄源壹千壹百陸拾肆頃肆畝貳分伍釐伍毫遵例四則均賦中田壹畝伍分准上田壹畝下田并塘堰貳畝准壹畝山水鄉并河園平地爲下下叁畝准壹畝叁鄉各因原額順民情也

太仙	中和	灄源
上田叁百伍拾伍頃陸拾伍畝玖分玖釐陸毫	肆百叁拾玖頃壹拾壹畝叁分捌釐貳毫	貳百貳拾叁頃貳拾肆畝叁分叁釐叁毫玖絲
每畝全官米叁升捌合叁	捌勺肆抄叁撮玖圭叁粒	壹合貳勺柒抄叁撮捌圭

勺伍撮壹圭 叁粟 柒粒
貳粒叁粟

夾官 米壹合捌勺叁圭陸粒玖粟 壹合捌勺玖抄貳撮壹圭柒粒陸粟 玖抄四撮玖圭貳粒

民米 叁升肆勺陸抄玖圭陸粒 肆升陸合陸抄捌撮伍圭肆粒叁粟 肆升叁合陸勺陸撮捌圭伍粒

麥糧 陸抄肆撮壹圭伍粒肆粟 陸勺貳抄玖撮玖圭伍粒

中田 陸百柒拾貳頃伍拾捌畝零柒釐捌毫 伍百伍拾貳頃玖拾五畝捌分壹釐肆毫 肆百玖頃玖拾柒畝伍分捌釐貳毫

每畝全官米貳伍勺伍抄零捌勺肆抄玖
升伍合伍伍粒貳粟撮貳圭伍粒
勺玖抄貳撮貳粟
肆圭伍粒
夾官米壹合貳壹合貳勺伍陸抄貳撮柒
勺零貳圭抄捌撮捌圭圭玖粒陸粟
肆粒陸粟貳粒叁粟
民米貳升零叁叁升壹合壹貳升玖合柒
勺柒撮叁勺捌抄柒撮抄壹撮貳圭
圭壹粒玖圭叁粒捌粟
麥糧肆抄貳撮叁勺柒抄柒
柒圭柒粒撮玖圭捌粒
壹粟肆粟
下田塘堰柒百陸百叁拾肆肆百零伍頃
肆拾柒頃頃貳拾柒畝貳拾叁畝壹

黃安初乘　賦役　六

柒拾陸畝捌　伍分伍釐貳　分玖釐
分捌釐　毫
每畝全官米壹
升玖合壹　撮捌圭捌粒　圭伍粒
勺零貳撮伍　玖粟
圭陸粒貳粟

夾官米玖勺零　玖勺肆抄肆　肆抄柒撮肆
壹圭捌粒　撮玖圭貳粒　圭陸粒叁粟
伍粟

民米壹升伍合　貳升叁合叁　貳升壹合捌
貳勺叁抄　勺捌抄陸撮　勺肆撮肆圭
肆圭捌粟　柒圭伍粟　陸粒玖粟

麥糧叁抄貳撮　貳勺叁抄零
零柒粒捌　壹圭貳粒玖
粟　粟

下下　壹百陸拾玖頃陸拾叄畝壹分　柒拾陸頃玖拾壹畝肆分捌釐伍毫　壹百壹拾伍頃伍拾玖畝壹分肆釐肆毫

每畝　金官米壹升貳合柒勺陸抄捌撮叄圭柒粒四粟　壹勺柒抄肆撮玖圭捌粒四粟　肆勺貳抄肆撮陸圭貳粒陸粟

夾官　米陸勺零壹圭貳粒叄粟　陸勺貳抄肆撮叄圭壹粒柒粟　叄抄壹撮肆圭肆粒貳粟

民米　壹升零壹勺伍抄叄撮陸圭伍粒伍粟　壹升玖合伍勺柒抄伍撮伍圭柒粒玖粟　壹升肆合伍勺叄抄伍撮陸粒玖粟

麥糧　貳抄壹撮叄圭捌粒　壹勺捌抄陸撮玖圭陸粒　玖勺貳抄壹撮伍圭柒粒

陸粟　實總上田弁折實上田共壹千貳百叁拾肆頃肆拾柒畝伍分貳釐壹毫叁絲叁忽叁叁微

陸粟　壹千壹百伍拾頃伍拾貳畝捌分伍釐玖毫

叁粟　柒百肆拾貳頃柒拾畝柒伍分伍釐貳毫

國初嘗則壤矣太仙故麻城隸也計田叁畝所獲不及麻城東鄉壹畝即今太仙官民米均之見括之田視麻城反再倍之何耶潟源較之於黃陂亦倍之大抵遠僻之鄉民多欵㪫

先時國中大猾率以田糧竄灑我里無能自
明者矣擬一二故牘可知也
外中和屯田共伍拾壹頃叁拾伍畝柒分肆
釐陸毫塘貳頃肆拾貳畝玖分柒釐貳毫地
壹頃肆拾柒畝肆分肆釐柒毫坐中和其太仙潭源無
洪武戊申定賦役法令其條目頗多法且數易
矣總之歲供曰賦更繇曰役云邑之賦於民
者四曰夏稅原徵之地今帶徵之田曰秋糧
徵之田曰額派辦兼徵之丁田今徵之丁者

三徵之田者七曰鹽鈔徵之丁是四者通之土民例不優免也役於民者亦四曰均徭曰里甲夫馬曰民壯原丁田數徵今徵之丁者三徵之田者七曰驛傳徵之田是爲四役例有優免免之制有等萬曆致乖中之益嚴矣

例京官一品免糧叁拾石人丁叁拾丁二品免糧貳拾肆石人丁貳拾肆丁三品免糧貳拾石人丁貳拾丁四品免糧壹拾陸石人丁壹拾陸丁五品免糧壹拾肆石人丁壹拾肆丁

六品免糧壹拾貳石人丁壹拾貳丁七品免糧壹拾石人丁壹拾丁八品免糧捌石人丁捌丁九品免糧陸石人丁陸丁外官視京官品差之半見任丁憂聽用聽調聽降聽勘者照數優免致任者免其十分之七閒居者免半其革職爲民除名者不免教官生員舉監免糧貳石人丁貳丁禆職省祭吏丞免糧壹石人丁壹丁如本身本家丁糧不足或無丁糧不許免及別戶其退學生員及納銀儒官

義官遥授散官　王府典膳及吏丞加納官
帶不願出仕者止免本身如爲事除名將印
劄追塗附卷仍令當差其假充禮部儒士侯
門教讀奉祠鄉約生儒等俱不准免
夏稅之目二曰麥曰絹
小麥捌拾叁石壹斗陸升玖合玖勺其該銀
叁拾伍兩伍錢零貳釐捌毫內運本府蘄州
二倉小麥陸拾石捌斗貳升壹合伍勺每石
折銀肆錢該銀貳拾肆兩叁錢貳分捌釐陸

毫　存留本縣倉壹拾捌石伍斗柒升貳合
肆勺每石折銀伍錢該銀玖兩貳錢捌分陸
釐貳毫徵給孤老本縣學倉叁石柒斗柒升
陸合每石折銀伍錢該銀壹兩捌錢捌分捌
釐
北京絹叁百捌拾壹疋貳丈貳尺陸寸壹分柒
釐捌毫每疋正銀柒錢共正銀貳百陸拾柒
兩貳錢貳分柒釐柒毫肆絲捌忽外每疋扛
觧銀貳錢共扛觧銀柒拾陸兩叁錢伍分伍

釐肆毫正扛共銀叁百肆拾叁兩伍錢柒分
零柒毫捌絲陸忽
南京農桑絹壹拾疋貳丈玖尺零柒分毎疋正
銀伍錢伍分　共正銀陸兩零叁分貳釐玖
毫伍絲毎疋扛解銀壹錢伍分共扛解銀壹
兩陸錢肆分伍釐伍毫正扛共銀柒兩陸錢
柒分捌釐伍毫
洪武元年令民栽桑四十株毎株科絲伍錢毎
絲貳拾兩折絹壹疋長叁丈濶貳尺重拾陸

而

正統八年令各處不出蠶絲處所每絹壹疋折

銀伍錢

隆慶伍年裁定每疋定銀伍錢伍分聞運本色

民甚苦之

萬曆拾年巡撫陳　奏非產絹地方每疋折銀

玖錢民稱便云

太仙	中和	灄源
麥柒石玖斗壹升玖合捌勺	陸拾肆石伍斗玖升柒合	壹拾石陸斗伍升貳合陸

折銀叁兩玖錢伍分玖釐玖毫　伍勺貳拾陸兩貳錢壹分陸釐陸毫　勺　伍兩叁錢貳分陸釐貳毫

北絹壹百貳拾柒疋壹丈伍尺玖寸陸分柒毫　壹百陸拾貳疋捌尺壹寸肆分　玖拾壹疋貳丈捌尺伍寸壹分柒釐壹毫

該銀壹百壹拾肆兩柒錢柒分捌釐捌毫貳絲壹忽　壹百肆拾陸兩肆分肆釐壹毫玖絲捌忽　捌拾貳兩柒錢伍分伍釐伍毫壹絲伍忽

南絹伍疋壹丈叁尺壹寸貳分　叁疋壹丈柒尺零貳分伍釐　壹疋貳丈捌尺壹寸貳分伍釐

該銀叁兩捌錢零陸釐壹毫貳絲　貳兩肆錢玖分柒釐肆毫捌絲　壹兩叁錢柒分肆釐玖毫

秋糧之目二曰官曰民官米之則又二曰全官曰夾官全官貳斗以上起科米肆千玖百壹拾捌石貳升陸合壹勺叁抄每石原定正扛銀貳錢陸分全書議定正銀貳錢伍分共銀壹千貳百貳拾玖兩伍錢零柒釐壹毫肆絲貳忽伍微每正銀壹兩外加扛解銀肆分共扛解銀肆拾玖兩壹錢捌分貳毫捌絲伍忽柒微正扛共銀壹千貳百柒拾捌兩陸錢捌分柒釐肆毫貳絲捌忽貳微曰夾官米肆百

肆拾陸石柒斗壹升叁合每石原折銀貳錢
陸分內米壹百柒拾叁石肆斗零貳合叁抄
叁撮又收回黃岡縣夾官米壹石陸斗零捌
合壹勺共米壹百柒拾伍石貳升零捌勺今
每石定銀貳錢伍分共銀肆拾叁兩柒錢伍
分伍釐貳毫每正銀壹兩外加扛解銀肆分
共壹兩柒錢伍分零貳毫捌忽正扛共銀肆
拾伍兩伍錢零伍釐肆毫零捌忽全書也人
京庫又原坐小顯承米貳百柒拾壹石陸斗

玖升貳合貳勺每石折銀叁錢共銀捌拾壹
兩伍錢柒釐陸毫陸絲全書今改抵楚府各
將軍祿米二項共銀壹百貳拾柒兩零壹分
叁釐陸絲捌忽

太仙　　中和　　灊源
全官肆千柒百　玖拾伍石零　玖拾肆石叁
貳拾捌石　捌合肆勺　斗肆升壹合
陸斗柒升陸　　壹勺
合陸勺叁抄
折銀壹千貳　貳拾肆兩柒　貳拾肆兩伍
百貳拾玖兩　錢零貳釐捌　錢貳分捌釐
肆錢伍分伍　毫捌忽肆微　陸毫捌絲陸
釐玖毫叁絲　忽

叁忽捌微
夾官貳百貳拾貳石貳斗伍升壹合貳勺
貳百壹拾柒石肆斗叁升壹合捌勺
柒石零叁升
折銀陸拾叁兩貳錢壹釐叁毫貳忽貳微
陸拾壹兩捌錢壹分柒釐陸毫玖絲叁忽捌微
壹兩玖錢玖分肆釐柒絲貳忽
右官米日貳斗以上起科原田每畝科米貳斗以上其租重故全免差日壹斗以上起科者原田每畝徵米壹斗以上租差故重惟半編差清丈之後二則米均攤之矣而部額故存

其籍未可泯也貳斗以上起科米太仙一鄉獨多者麻城舊有秦客家貲産擅邑西一隅國初坐事犯籍沒入官者柒千貳頃土故磽确因成棄荒官初招民佃耕計畝納布正統後始坐京庫折銀即佃户編爲里者柒分入黄安者五民米壹萬貳千叁百捌拾石伍斗柒合柒勺叁抄内輸將於兩京者曰兑軍叁貳千玖百壹拾陸石肆斗肆升内原有本色有折色有三六耗蓆脚價本折之多寡視

歲之豐歉定派價之銀數視本色之多寡本色每石正扛定銀柒錢零貳釐肆毫外有松木楞板萬曆拾貳年知縣余中允俱坐折色每石定銀柒錢共該銀貳千零肆拾壹兩伍錢捌釐每正銀壹百兩外加扛解銀壹兩貳錢共扛解銀貳拾肆兩肆錢玖分捌釐玖絲陸忽又外盤纏銀肆兩正扛共銀貳千零柒拾兩零陸釐玖絲陸忽外有三六耗蓆伍百叁拾玖兩伍錢肆分壹釐肆毫今除之　南

京太倉共米叁千捌百壹石捌斗玖升内原
有本色有折色亦視歲之豐歉定派　萬曆
拾貳年知縣余　申允定半坐折色每石折
銀伍錢内太倉米約伍百石每石折銀陸錢
并扛解遞融每石伍錢壹分柒釐壹毫捌絲
萬曆拾肆年奉　兩院降發全書除南京倉
米叁千貳百玖拾肆石捌斗每年聽部文臨
另派外難以預定止編盤纏銀肆兩太倉米
伍百柒石玖升每石折銀陸錢共銀叁百零

肆兩貳錢伍分肆釐每正銀壹百兩外加扛
觧銀壹兩貳錢共扛觧銀叁兩陸錢伍分壹
釐肆絲捌忽正扛共銀叁百零柒兩玖錢伍
釐肆絲捌忽派剩軍餉米壹百貳拾陸石伍
斗伍升每石折銀陸錢共銀柒拾伍兩玖錢
叁分

轉輸運糧官軍行月糧米柒百柒拾貳石叁斗
伍升捌合柒勺陸抄每石折銀叁錢伍分共
銀貳百柒拾兩叁錢貳分伍釐伍毫陸絲陸

恕萬曆拾肆季奉全書蠲免夫役及續奉　糧
儲道咨呈　兩院仍取難以減除
江西運糧官軍行月糧米叁百壹拾伍石叁斗
每石折銀肆錢共銀壹百貳拾陸兩壹錢貳
分二項共銀叁百玖拾陸兩肆錢肆分伍釐
伍毫陸絲陸忽
楚府各將軍祿米原坐玖百貳拾玖石柒斗叁
升玖合肆勺叁抄貳撮捌圭陸粟粒顆承二衛
官軍月糧陸百柒拾柒石柒斗捌升柒合伍

勺叁抄柒撮壹圭肆粒并偏橋倉米肆百石共米貳千零柒石伍斗貳升陸合玖勺柒抄每石折銀伍錢共銀壹千零叁兩柒錢陸分叁釐肆毫捌絲伍忽今減偏橋餉銀柒拾貳兩實銀玖百叁拾壹兩柒錢陸分叁釐肆毫捌絲伍忽外常德腳價銀玖拾貳兩玖錢壹分柒釐玖毫捌絲今除之

練兵糧餉米伍百柒拾壹石肆斗貳升玖合係安慶倉改每石折銀伍錢共該銀貳百捌拾

伍兩柒錢壹分肆釐伍毫
荆府親王祿米貳百貳拾貳石肆斗壹升伍合
伍勺每石柒錢陸分叁釐共銀壹百陸拾玖
兩柒錢零叁釐貳絲陸忽伍微
荆府郡王祿米陸拾叁石貳斗肆升玖合肆勺
每石柒錢共銀肆拾肆兩貳錢柒分肆釐伍
毫捌絲
荆府各將軍祿米壹百陸拾叁石零陸合每石
伍錢共銀捌拾壹兩伍錢零叁釐

荆岷府庚人口糧肆拾叁石柒斗壹升每石伍
錢共銀貳拾壹兩捌錢伍分伍釐
武昌倉米陸拾柒石陸斗貳升每石伍錢共銀
叁拾叁兩捌錢壹分
楚府各將軍祿米壹百柒拾貳石貳斗捌升叁
合壹勺每石折銀伍錢共銀捌拾陸兩壹錢
肆分壹釐伍毫伍絲今併入前楚府將軍米
內
蘄州倉米壹百捌拾玖石壹斗叁升陸合[illegible]

撥回黄岡縣代納米壹拾柒石柒斗柒升壹合壹勺實米壹百柒拾壹石叁斗陸升肆合玖勺每石折銀伍錢共銀捌拾伍兩陸錢捌分貳釐肆毫伍絲

本府學倉米玖拾陸石壹斗捌升每石折銀伍錢共銀肆拾捌兩零玖分

本縣倉米貳百陸拾玖石柒斗陸升每石折銀伍錢共銀壹百叁拾肆兩捌錢捌分

本縣學倉米叁百肆拾伍石肆斗貳升肆合每

石折銀伍錢共銀壹百柒拾貳兩柒錢壹分

貳釐

本府倉米壹百貳拾玖石伍斗壹升陸合攺補

縣學二倉前數

以上荆府并存留共米壹千陸百壹拾伍石

零壹升貳合玖勺共折銀捌百柒拾捌兩陸

錢伍分壹釐陸毫陸忽伍微

太仙　中和　滆源

民米叁千柒百陸拾石零　伍千叁百捌拾壹石肆斗　叁千貳百叁拾捌石柒斗

叁斗貳升伍　叁升叁合　玖升玖合
合柒勺叁抄
兌軍玖百貳拾　壹千叁百叁　陸百伍拾壹
玖石貳斗　拾伍石玖斗　石貳斗柒升
貳升　伍升
折銀陸百伍　玖百肆拾捌　肆百陸拾貳
拾玖兩伍錢　兩貳錢壹分　兩貳錢伍分
叁分叁釐肆　柒釐玖毫捌　肆釐陸毫陸
毫肆絲捌忽　絲　絲捌忽
南京壹千貳百　壹千叁百肆　陸百捌拾貳
陸拾捌石　拾肆石壹斗　石叁斗陸升
貳斗玖升　伍升
盤纏銀壹兩　壹兩陸錢叁　捌錢貳分捌
伍錢肆分壹　分壹釐伍毫　釐肆毫伍絲
絲　肆絲
太倉壹百伍拾　貳百貳拾貳　壹百貳拾捌
陸石　石柒斗柒升　石叁斗貳升

折銀玖拾肆　壹百叁拾伍　柒拾柒兩玖
兩柒錢貳分　兩貳錢陸分　錢壹分伍釐
叁釐貳毫　陸釐肆毫肆　肆毫肆忽
絲肆忽

派剩肆拾柒石　伍拾貳石貳　貳拾陸石捌
肆斗玖升　斗貳升　斗肆升
折銀貳拾捌　叁拾壹兩叁　壹拾陸兩壹
兩肆錢玖分　錢叁分貳釐　錢零肆釐
肆釐　貳釐叁　肆釐

行月貳百伍拾　伍百肆拾壹　貳百捌拾柒
捌石伍斗　石肆斗叁升　石陸斗肆升
捌升肆合陸　　肆合壹勺
勺陸抄

折銀玖拾貳　壹百玖拾捌　壹百肆兩捌
兩柒錢玖分　兩捌錢肆分　錢伍釐貳毫
壹釐肆毫柒　捌釐捌毫肆　肆絲陸忽
絲柒忽　絲叁忽

楚府陸百柒拾　柒百玖拾壹　伍百肆拾肆
貳石壹斗　石貳斗叁升　石壹斗叁升
陸升肆合玖　貳合
勺柒抄
折銀叁百壹　叁百陸拾柒　貳百伍拾貳
拾貳兩壹錢　兩貳錢伍分　兩叁錢貳分
玖分壹釐肆　貳釐貳毫貳　壹釐柒毫捌
毫捌絲伍忽　絲　絲
練兵壹百捌拾　貳百貳拾肆　壹百陸拾叁
叁石伍斗　石捌斗貳升　石零柒升
叁升玖合
準銀玖拾壹　壹百壹拾貳　捌拾壹兩伍
兩柒錢陸分　兩肆錢壹分　錢叁分伍釐
玖釐陸毫
荆府并存留捌　肆百壹拾玖　叁百柒拾叁
拾陸兩貳　兩壹錢肆分　兩貳錢捌分
錢壹分肆毫　玖釐壹毫叁　捌釐
柒絲　絲陸忽伍微

餘南京本色外共銀

每石

按隆慶季會冊原額楚府將軍祿米捌拾伍石玖斗貳升捌合陸勺後開壹百柒拾貳石貳斗捌升叁合貳勺余昔受廩邑庠每石止准銀叁錢捌分後定為伍錢相沿到今矣此當塗厚士意也士尚自念哉往冊開備用祿米貳百零捌石伍斗壹升肆合伍勺免徵米貳百伍拾肆石陸斗零壹勺附祿之以俟考

常德脚價玖拾貳兩玖錢原係嘉靖四十一
年議加盞以安慶抵運辰州偏橋倉故也今
辰州無督府此項免矣偏橋減銀柒拾貳兩
偏橋不屬楚府蘄州倉減銀捌兩捌錢捌
分伍釐伍毫
戶口鹽鈔正扛共該銀壹百肆拾柒兩肆錢肆
分玖釐壹毫伍絲陸忽伍塵柒纖伍渺内輸
將南京者本折共銀陸拾兩零叁錢柒分肆
釐壹毫伍絲陸忽伍微伍塵柒纖伍渺閏加

伍兩零叁分壹釐壹毫柒絲玖忽叁微捌塵
玖纖
轉輸本府庫者叁拾叁兩肆錢捌分閏加銀
貳兩柒錢玖分
蘄州倉者伍拾叁兩伍錢玖分伍釐閏加肆
兩肆錢陸分陸釐貳毫伍絲
按鹽法昉自管仲男女所食無弗筭及后代
因之國初每男子成丁婦女歲納米捌升官
支鹽叁觔

永樂三年大口納鈔拾貳貫支鹽拾貳觔小口
納鈔陸貫支鹽陸觔
天順七年每丁口歲徵銀壹分伍釐叁毫貳絲
壹忽
正德中年每丁口歲徵銀壹分貳釐不聞支鹽
矣
太仙　　中和　　灊源
其銀伍拾陸兩　叁拾肆兩陸　伍拾陸兩陸
壹錢貳分　錢貳分伍釐　錢玖分叁釐
玖釐柒毫肆　柒毫捌絲伍　陸毫叁絲
絲壹忽伍微　忽

伍塵柒纖伍渺

閏加銀肆兩伍錢貳分玖釐壹毫 叁兩貳錢伍分捌釐柒毫玖絲玖忽叁微捌塵玖纖 肆兩肆錢玖分玖釐伍毫叁絲

丁糧額辦派辦

額派之目十二貢之禮部者曰北京藥味正壹拾陸兩捌錢肆分貳釐壹毫捌絲柒忽伍微外扛解銀貳兩貳錢肆分伍釐陸毫貳絲伍忽共正扛銀壹拾玖兩零捌分柒釐捌毫壹絲貳忽伍微曰南京藥味貳兩肆錢壹分

貳釐伍毫肆絲柒忽貢之工部者曰段疋正捌拾壹兩陸錢零叁釐外扛解銀壹拾貳兩貳錢壹分陸釐陸毫共正扛銀玖拾叁兩捌錢壹分玖釐陸毫曰胖襖褲鞋貳拾肆兩柒錢伍分曰皮張柒拾叁兩捌錢曰翎毛肆兩玖錢伍分伍釐肆毫曰四司料價貳百壹拾捌兩肆錢玖分陸釐柒毫叁絲壹忽肆微改運之濟邊者曰曆日銀貳拾伍兩捌錢叁分壹釐柒毫壹絲陸忽存留之本省本縣者曰

軍器銀陸拾兩零肆分貳釐貳毫叁絲貳忽伍微曰活雁等折俸鈔銀壹兩貳錢貳分陸釐曰科舉銀貳拾玖兩玖錢柒分壹毫柒絲伍忽曰淺船銀肆拾兩零捌分捌釐以上正扛共該銀伍百玖拾肆兩肆錢捌分零貳毫壹絲肆忽肆微額有定故曰額辦內段疋閏加銀壹拾叁兩陸錢柒分叁釐亦定額也惟貢之戶部者歲無定派近較數歲之中預定銀貳百伍拾伍兩爲額塞弊孔也亦便二辦

原無丁米均派今派歸丁者三歸米者七

	太仙	中和	濕源
共銀	貳百玖拾捌兩捌錢壹分陸釐陸毫伍絲伍忽	叁百貳拾伍兩捌錢伍分陸毫肆忽玖微	貳百貳拾肆兩捌錢壹分貳釐玖毫伍絲肆忽伍微
閏	貳兩玖錢叁分	柒兩叁錢陸分叁釐	叁兩叁錢捌分
每丁	叁分玖釐貳絲柒忽貳塵柒渺	伍分陸釐肆毫捌忽叁微伍塵貳纖伍渺	叁分柒毫肆絲壹微伍塵伍纖
每石	伍分伍釐陸毫貳絲伍忽玖微叁塵柒纖	肆分貳釐叁毫捌絲伍忽陸微伍塵叁纖貳渺	肆分捌釐伍毫捌絲玖忽肆微伍塵

里役　洪武十四年詔編賦役黃冊以壹百壹拾戶為一圖推丁糧多者拾人為里長餘百戶為十甲十年輪役第以催辦錢糧追攝公事為事猶秦漢之里魁亭長唐宋元之方正里正是也選坊里中年高有德者為老人給以教民榜文主風俗詞訟猶古所謂三老也設糧長以追收二稅猶所謂嗇夫也設總小甲覺察非常猶所謂游徼也是十年之正役也前諸歲供派之里甲丁糧者總目之曰里

甲正辦乃拾季輪役又有雜辦焉一曰公費
如歲時大之　朝賀則有香燭庭燎之費陸
錢次之節序則有迎春燕飲芒神春牛之費
開歲門神桃符之費元宵花燈之費共銀肆
兩司府有公廳之費布政司清軍道壹兩陸
錢分守道肆兩提學道肆拾兩按察司陸兩
江防道壹拾貳兩分巡道肆兩肆錢本府玖
兩本縣有迎送燈籠之費玖兩貳錢本縣正
堂主簿典史各有什物之費共錄柒兩陸錢

上司往來有合用鋪陳之費共銀柒兩肆錢凡此皆一歲經用之費也生員起貢盤纏旗牌等共銀壹拾貳兩歲徵陸兩則歲徵之以待二歲之費也入　覲則府縣有道里之費本府壹拾肆兩壹錢歲徵肆兩柒錢本縣正佐肆拾兩皆領貳拾伍兩壹拾兩造冊陸兩共銀捌拾壹兩歲徵銀貳拾柒兩賓興則有津送科舉諸生燕賞之費共銀陸拾兩歲徵銀貳拾兩中試生有旗牌燕賀坊表及計偕

贓贈之費共銀壹百肆拾肆兩歲徵肆拾捌
兩本縣刷卷有紙劄工食之費共銀陸兩歲
徵貳兩　憲　司　有什物之費約共銀貳
拾壹兩捌錢陸分歲徵柒兩貳錢捌分柒釐
皆歲徵之以待三歲之費也總之貳百貳拾
兩柒錢捌分柒釐二日公應迎勞上司賓旅
廚傳廩餼之需也捌拾兩　備用銀壹百兩
三日拼夫原額伍拾名外轎傘夫陸名無名工
食銀伍兩共銀貳百捌拾兩　萬曆
玖季奉　都院陳議轎傘夫仍舊拼夫裁減
拾名存肆拾名銀照舊給陸季奉減肆名連轎

傘夫存肆拾貳名每名工食柒兩貳錢拾肆
季又奉減陸名連轎傘夫陸名止編叁拾陸
名內又扣貯庫壹拾貳名

四曰脚馬原額叁拾匹銀壹拾捌兩萬曆玖年奉 都院陳議裁減拾匹銀照
舊拾貳年奉編馬照舊每匹銀貳拾肆兩拾
肆年又奉減伍匹止編壹拾伍匹內又扣貯
庫貳匹而夫馬告苦矣

附議里長穕辦中一歲經用之費僉編而歲
徵之是矣顧須預徵於一歲之前以待用可
也至於朝覲之費科舉之費三年之辦也歲
三徵之一固爲均矣但往往爲吏胥所漁而

詭之民欠有司苦之不如籍定其數先一歲加徵亦未爲不均也又如兩院交代新官履任與夫脩葺等費取用原無定時往歸之贖鍰不爲無見今旣派歸丁糧須併入備用之欵詳其出納可也又若選貢武舉贐贈邑不常有亦入此欵可矣排夫鄰邑多計值徵銀於官輪差募之新邑民初成聚或不便食值而時使之或里甲自任役者聽可也脚馬邑初徵銀於官給城中居民買馬待差或即用

輸役之戶買馬以數抵應徵之銀便

太仙　中和　瀟源

均徭之目編之　王府者曰荊府樂舞生八夫

仙四灄源四每名叁兩共銀貳拾肆兩　德
安王府民校四太仙貳中和貳每名壹拾貳
兩共肆拾捌兩新增通山王府民校壹銀壹
拾貳兩編之司府者布政司京解壹銀壹拾
肆兩捌錢太仙肆兩捌錢中和叁兩貳錢壹
分陞鑾灄源肆兩伍錢捌分布政司快手貳
銀壹拾肆兩肆錢按察司表夫壹銀壹拾兩
貳錢按察司快手貳銀壹拾肆兩肆錢編之
本府者柴薪玖銀壹百零捌兩中和伍灄源

四馬夫貳拾銀捌拾兩中和分拾名新增拾
名禁子貳銀貳拾兩灞源分門子叁內貳名
陸兩壹名伍兩共壹拾柒兩中和分貳名皂
隸叁每名陸兩新增共壹拾捌兩編之本縣
三壇祭牲銀叁拾陸兩柴薪柒銀捌拾肆兩
馬夫叁拾銀壹百貳拾兩皂隸壹拾捌名正
堂壹拾貳名每名陸兩簾廳肆名幕廳貳名
每名伍兩共壹百零貳兩門子肆每名伍兩
共貳拾兩油燭銀捌兩斗級壹拾伍兩庫子

貳拾肆兩閏加貳兩編之守備者三江口廩
糧銀肆兩叁錢憲司門子叁兩三壇門子壹
兩捌錢禁子肆每名玖兩其叁拾陸兩渡夫
貳每名貳兩其肆兩舖兵拾壹每名叁兩陸
錢其銀叁拾玖兩捌錢孤老布花銀捌兩肆
錢加之弓兵濟邊者壹拾貳名　　編
之學校者春秋二祭每祭貳拾兩其銀肆拾
兩啟聖祠二祭銀柒兩名宦鄉賢二祠各二
祭其銀柒兩(補)後加耿尚書專祭銀肆兩為建

功縣之鄉飲酒銀每次伍兩共壹拾兩守廟門子貳兩肆錢祭器庫子肆兩齋夫肆兩每名拾貳兩共肆拾捌兩膳夫肆兩每名拾兩共肆拾兩門子貳每名伍兩共壹拾兩歲貢盤纏叁拾兩歲徵壹拾伍兩斗級改明倫啟聖宦賢門子伍兩編之驛傳者李坪驛支應壹百玖拾兩閏加壹拾伍兩捌錢叁分叁釐陽邏館夫叁每名柒兩貳錢共貳拾壹兩陸錢編之巡司弓兵者中和司叁拾名每名銀伍兩共

壹百伍拾兩雙城司弓兵玖每名伍兩共肆拾伍兩陽邏司弓兵壹拾捌內應役壹拾貳名每名伍兩共陸拾兩扣解廻風磯陸名每名連衣鞋銀捌兩柒錢共伍拾貳兩貳錢各渡脩船銀壹兩南京班匠捌拾貳名每名正銀陸錢貳分肆釐共伍拾壹兩壹錢陸分捌釐原額匠戶內坐派北京柒名部文取解

右條目凡若干先是總之曰力差曰銀差十歲一輪每歲差應役之戶爲九等上戶多編力

下戶多派銀蓋參前代差役顧役之法行之也近條編法力差俱准銀戶等可無差矣焉端臨曰差役古法其弊也差役不公漁取無藝故轉而爲顧顧役熙寧之法也其弊也庸錢白輸苦役如故故轉而爲義義役蓋中興以來江浙諸郡民戶自相與講究之法也其弊也豪強專制寡弱受凌故復反而爲差蓋以侯體之便於民者觀之顧便於差義便於顧制於義而復有弊則亦無如之何也已愚

謂條編之法行則胥吏不得隱射其丁糧官族不得重冒其優免市猾不得欺詭其田畯是其便也顧徵科無叙則剜心之痛棘矣由納弗允則漏巵之釁莊矣又嚴邑民斷化居歲舉上所産以易金將農日病而民生日蹙是存乎有志於民者調劑耳吁難言哉

太仙共銀伍百玖拾貳兩肆錢陸分貳釐壹毫

中和陸百柒拾伍兩壹錢柒分柒釐玖毫

灄源叁百柒拾肆兩肆錢陸分

每丁捌分捌釐　壹錢貳分陸　伍分叁釐伍
貳毫玖絲　釐壹毫貳絲　毫柒絲捌微
伍忽叁微玖　貳忽捌微玖　壹塵伍纖壹
塵伍纖　塵伍纖埃渺　渺

每石壹錢壹分　捌分捌釐壹　捌分叁釐叁
柒釐柒毫　毫貳絲肆忽　毫叁絲捌忽
貳絲伍微壹　肆微陸塵貳　陸微叁塵貳
塵米官米折半　纖　纖

民壯壹百玖拾伍名每名柒兩貳錢共銀壹千肆百外蘄州練兵拾伍名每名衣鞋銀壹兩伍錢共貳拾貳兩伍錢通共壹千肆百貳拾陸兩伍錢內扣解京濟邊民壯貳拾名共銀壹百肆拾肆兩又扣解蘄州練兵壹拾伍名

衣鞋共銀壹百叁拾兩伍錢又存留本縣壹百陸拾名共銀壹千壹百伍拾貳兩本府照磨廳幷督捕廳今除訖

	太仙	中和	灊源
共銀	肆百肆拾肆兩柒錢壹分肆釐陸毫叁微	伍百伍拾陸兩柒分貳釐柒毫貳絲陸忽柒微	肆百貳拾伍兩柒錢壹分貳釐陸毫柒絲叁忽
每丁	陸分陸釐貳毫柒絲陸忽伍微	壹錢叁釐捌毫柒絲肆忽壹微壹塵	陸分玖毫叁忽壹微
每石	捌分捌釐叁毫陸絲	柒分貳釐伍毫柒絲捌忽	玖分肆釐柒毫肆絲伍忽

叁忽伍微捌　捌微壹塵貳　伍微捌塵叁

纖　夾官折半　纖　纖

按洪武初立民兵萬戶府後內建伍府外建都司衛所遂罷民兵正統巳巳之變始令各處招募民壯就令本處官司率領操練有警調用成化初始籍民爲兵其數視縣大小以爲多寡每兵二十五設總甲壹名小甲貳名初惟籍之丁正德中議義丁米僉編初惟籍之民戶後并軍戶編之初就令本處操練今本邑扣解蘄州練兵者玖名役府募者肆名除

慶中又每拾名扣貳名工食解京濟邊矣且初惟籍之防護城守今官家之追呼公事解發囚徒送迎賓旅諸役咸令共之豈設兵之初意哉古慨唐兵三變由今以觀即民兵一事不特三變已也萬曆十五年户書宋奏革扣解京濟邊

驛傳

總共捌百貳拾捌兩肆錢叁分伍釐

太仙 共銀貳百伍拾壹兩陸錢

中和 叁百陸拾兩零玖分玖釐

灞源 貳百壹拾陸兩柒錢壹分

貳分		陸釐
每石柒分叁釐	陸分捌釐伍	陸分捌釐玖
柒毫肆絲	毫叁絲貳忽	毫柒絲玖忽
玖忽叁微陸	肆微壹塵捌	肆微
塵肆纖柒渺	纖叁渺	

右計田糧均派逵之全省一則也協助江濟二衛與蘭溪蘄州諸處船夫額有定亡論巳惟是李坪陽邏二處馬匹水夫稱最苦大抵民間利于顧募募戶利于私幇私幇之費無常數民偏累矣條編法原欲均之使平也柰何復僉戶名俾数戶獨累哉今議稍增其值派

歸闔邑削除馬夫之名令募户至邑如數領
値吏胥不得措索庚役亦利於代役而民户
不至重累矣

新增

扛解銀叁拾柒兩肆分玖釐玖毫內解淮并南
京正銀貳百玖拾捌兩玖錢叁分伍釐每兩
外加扛解銀壹分伍釐共銀肆兩肆錢捌分
肆釐解司正銀陸千伍百壹拾叁兩柒錢捌
分叁釐每兩外加扛解銀伍釐共銀叁拾貳

兩伍錢陸分伍釐玖毫

太仙　讀銀壹拾貳兩壹錢叁分捌釐叁毫壹絲

中和　壹拾肆兩肆分肆釐玖毫玖絲

扁源　壹拾兩捌錢陸分陸釐陸毫

每丁　壹釐捌毫玖忽　貳釐陸毫貳絲叁忽陸微　壹釐伍毫伍絲肆忽伍微玖塵貳纖叁渺

每石　貳釐肆毫壹絲壹忽捌微陸塵壹纖壹渺　壹釐捌毫叁絲叁忽壹微陸塵　貳釐肆毫壹絲捌忽肆微肆塵

夾官米折半

牧秩

張曲江有言曰六合元元之衆縣命于縣令宅生于刺史余每誦其言而心悲焉下論六合即茲一邑林林總總何可計算其命悉懸于一人方寸間耳詩云愷悌君子民之父母夫茲林林總總奉一人而尊親之曰父母父母云者為其中心愷悌足以寄吾之命也惟我蒸黎憔悴滋甚則又若尫羸穉子栖栖然環保母側矣恐不念哉恐不念哉志牧秩

蓋自秦罷封建置郡縣縣之牧稱令長漢因之萬戶以上爲令減萬戶爲長秩千石至陸百石唐分赤畿望緊上中下縣令各一人從六品宋除赤畿外有望緊上中下肆千戶爲望叄千戶以上爲緊貳千戶以上爲上不滿千戶爲中伍百戶爲下知縣事各一人從八品以朝臣爲之開復叅用京官元縣分上中下叄等各有達魯花赤一員掌縣印以蒙古人任縣尹一員掌判署以漢人南人任二職皆縣之長

國初縣亦定三等知縣品有差上正六中正七下從七從

改俱正七品黄安初設知縣一員典史一員隆慶四年巡撫徐某疏增主簿一員雙城巡司巡檢一員舊隸麻城中和巡司巡檢一員舊隸黄岡皆改屬焉陰陽學訓術一員醫學訓科一員僧會司僧會一員道會司道會一員六房司吏各一典吏各二承發吏一鋪長吏一巡司各司吏一

國制知縣主一縣之政凡學校農桑戶口賦役倉庫錢糧獄訟盜賊等皆所通知歲俸玖拾

石月支本色米貳石貳斗伍升每石准銀伍錢月該銀壹兩壹錢貳分伍釐折色米伍
石貳斗伍升每石准銀叁分月該銀壹錢伍分柒釐伍毫馬戶拾名准銀肆拾
兩薪皁肆名准銀肆拾捌兩主簿正九品掌勾稽出納
佐縣政歲俸陸拾陸石月支本色米貳石共准銀壹兩折色米叁
石伍斗共准銀壹錢伍釐馬夫拾名准銀肆拾兩薪皁貳名准銀
貳拾肆兩典史未入流初名掌史主出入文書贊理
縣政近管捕盜事歲俸叁拾陸石月支本色米貳石共
准銀壹兩折色米壹石准銀叁分巡檢從九品主巡捕假印盜
賊軍匠囚犯脫逃私鹽私茶私礬等事員各

歲陸拾叁石陸斗月支本色米貳石其准銀壹兩折色米叁石叁斗共准銀玖分玖釐訓術領陰陽王推測陰陽以受民事訓科領醫王醫治官吏及一應軍民人等疾病諸司職掌吏部行欽天監太醫院考試不堪用者放回原舉官吏有罰如貢舉非人律令本行僧會統領各寺僧道會統領各觀道士俱焚脩以祝聖爲事凡吏掌行文書司吏有俸本色叁斗准銀壹錢伍分折色柒斗准銀貳分壹釐典吏無俸惟先王制祿有采地圭田後世因之有職田俸戶之制唐之職田廢于五代宋世職田俸戶罷

復不常以饕取之爲病也　國初置職田隨
更俸米洪武拾捌年行折鈔之令每鈔貳貫伍百文准米壹石
鈔法尋廢折變燦漠然所給馬丁皁役率取
其直則溢于俸額之舊矣馬丁之給自洪武
已巳始上諭兵書茹瑺謂縣官民之師帥跨驢出入非所以示民或假馬部民因被淩濶甚乖治體其官爲市馬馬壹匹率十戶食之歲一更　薪皁之給自
宣德始國初諸司皁隸王騶從而已時有奏顧都御史受隸賂放𨒁者揚士奇言京官俸止給米壹石薪炭馬芻咸資于皁不得不遣半𨒁使備所用自是遂有柴薪皁隸之設徵銀代役正統間因官品定其名數七品至九品各止二名惟知縣欽定四名以覩

民也

高皇帝御製大誥有司務在問民疾苦撫安良善罪姦治頑伸冤理枉　凡任有司職掌務在牧民其牧民之道務在興民之利除民之害　自布政司至于府州縣官吏若非朝廷號令私下巧立名色害民取財許境內諸耆宿人等遍處鄉村市井連名赴京狀奏備陳有司不才明指實跡以憑議罪及所在布政司府州縣官吏有能清廉直幹撫吾民有方

各得遂其生者許境內耆宿老人遍處鄉村市井士君子人等連名赴京狀奏使朕知賢使能朕命諸司官前往任所每嘗數數開諭導引爲政勿陷身家其諭之辭曰汝知不才者乎今所在有司坐視民患酷害無端政由吏爲吏變爲姦交頭接耳議受贓私密謀科歛愚姦既成帖下鄉村聲徹遍邑民人嗟怨此果交頭接耳機軸之深乎民人既怨何謀之良哉汝不見事覺之後受刑在禁議罪已

明身居工役之場家在數千里外妻子收存者有之養贍無人者有之多在異姓收藏臨期欲以爲用安得而至耶是故家破身亡贓爲他人所有比若是而無益守俸如井泉井雖不滿日汲不竭如淵泉焉賄賂之財何益之有哉汝往任事勿蹈前非　諸衙門官到任朕嘗開諭無作非爲顯爾祖宗榮爾妻子賫爾本身以德助朕爲民造福立名于天地間千萬年不朽永爲賢稱去後曾幾人依朕

所諭　府州縣官專一宣布條章辯民曲直民有戶婚田地鬭毆相爭一是一非而招明白不甚難爲官吏既知是非輙起貪心倒持仁義接受贓私禍善福頑以招自身之禍此累刑名之難歟抑姦頑之自取歟

洪武拾捌季以來府縣正官佐貳官超出羣職者十有三員朕悉嘉勞　按十有三員內知縣六人縣丞五人主簿二人俱書名列事蹟右于大誥俾名無疆矣

大誥七章所以訓飭民牧者何脆切也惟昔

高皇之須是誥也令天下臣民家有其書即犯有司得末減無者從上服益欲家傳人誦之今無論齊民即士紳白首未及覩者豈不悖哉謹節錄之以示來者牧令知究宣焉

高皇每遇各地方官來京言事畢　召見賜食訪問民間疾苦雖縣丞典史有廉能愛民者特差行人齎勑獎勵或封内醞金幣賫之

洪武玖季日照縣知縣馬亮考滿州上其考曰無課農興學之績而長于督運吏部以聞

高皇曰農桑衣食之本學校風化之原此守令
先務不知務此而曰長于督運以爲能非登
命之政也爲令而無登命之心民受其患者
多矣宜降黜之使有所懲
山西平遥縣主簿成樂官滿來朝州上其考
曰能恢辦商稅吏部以聞
高皇曰地之所產者有常數官之所取者有常
制商稅自有定額何俟恢辦得無剥削于民
主簿之職在佐理縣政撫安百姓豈以辦課

爲能若止以辦課爲能其他不見可稱則失
職矣州之考非是爾吏部移文訊之
拾伍年吏部引奏除縣官者伍拾餘人
高皇帝悉召前諭之曰縣官之職最親于民古
之稱循吏者多由此出苟有善政及民而民
稱之美名即傳于遠邇若蠹政害民而民怨
之惡聲亦不可揜也爲善爲惡朝廷公論有
在爾等其慎之苟治民而有成績他日不患
不至崇要也

拾捌年州縣父老有詣　闕上言縣官失政

當罷任而舉留者

高皇賜手勑奬勵復職加賜衣幣侍臣曰縣令

撫民職所當然　陛下加以厚恩待之至矣

高皇曰郡縣之治自守令始朕向在民間嘗見

縣官由儒者多迂而廢事由吏者多貪而弄

法蠹政厲民靡所不至遂致君德不宣政事

日壞加以凶荒弱者不能聊生強者去而為

盜此守令不得其人故也今縣官能為吾拊

循百姓違吾愛養斯民之意得其歡心豈不深可嘉尚且爲政以得民心爲本能得民心則其去也民豈得不愛而留之不才者民疾之如仇讎惟恐去之不速豈肯留也即此可知人之賢否使守令皆能撫民天下何憂不治賞而勸之非濫恩也

貳拾柒年有儒士初受知縣　陛辭

高皇問曰試言治民之道何先對曰教化爲先

上曰教化何施對曰獎勸之　上曰治民固

牧秩

以教化爲本而身又教化之本長一邑則繫
一邑之望民幸視已以爲則已身不正民將
何法雖多爲撥勸彼不見信故曰以身教者
從以言教者訟爾其識之
永樂中汝上知縣史誠以賦役均平
成祖聞而嘉之賞酒鈔紗幣仍陞職治事
宣宗皇帝御製縣官箴曰人君代天子養兆民
任牧民者邑令尤親丞簿佐令幕有贊畫民
之休戚戚其所職保民之方心誠求之如父

如毋字厥孩提察其凍餒俾衣俾食恤其疾
痛俾康俾適既厚其生必導其行有禮有義
善俗用興致恭神祀致勵學校毋肆侵漁毋
縱苛暴爾端爾心務恪與誠政用有成民用
底寧　正統拾年大察
英廟詔舉治行卓異者延宴庭之天順間再行
萬曆貳年大察詔舉治行卓異者二十五人
今上御門召見宴賚金幣有差諭之曰你每都
是好官回去還要用心供職替朕愛養百姓

在外的都傳與他每知道也又諭該撫按官嚴督所屬務要脩舉教養實政毋但取辦于簿書期會之間其所舉劾一以政事脩否爲準毋但取其奔走承奉亦毋拘泥資格混淆名實其年

今天子春秋甫十齡即篤意元元若此向時備員符臺邇在　陛戟下恭覩茲典不勝懽忭謹稽首拜手而作頌曰於維　明王肩羣生運丁其盛餘貳百年　聖作　聖傳仁覃

如天巍巍

高皇撫綏萬方大誥有章諮諏良吏重書旌異

封醪錫幣列聖嗣興丕顯丕承吏治蒸蒸雅

今天子冲齡御宇允踐芳軌庭燕牧臣

天語胝胝愛養斯民咨爾來牧受天之祿永矢

毋忽式是　訓詞代天普施惠我遺黎

邑建以來司牧者已六七易即閭巷之思數

良賢辯矣詩云下民有嚴不其然哉表列其

名氏采輿論槩其事行爲列傳以鏡來者

知縣

林　葵　雲南大理人舉人　嘉靖四十三年任

李　講　貴州清平人舉人　嘉靖四十五年任

常正紀　四川富順人舉人　隆慶四年任

應存訒　浙江仙居人舉人　萬曆元年任

孫振芳　廣西宣化人舉人　萬曆四年任

章如鈺　浙江會稽人進士　萬曆八年任

黎來王　廣東順德人舉人　萬曆九年任

余　相　浙江會稽人舉人　萬曆十一年任

劉冠南 江西廬陵人舉人 萬曆十六年任

秦烨 廣西容縣人歲貢 萬曆十八年任

李含錦 雲南[redacted]人舉人 萬曆二十年任

李文芳 四川綿州人進士 萬曆二十三年任

王家泰 廣東瓊山人舉人 萬曆二十七年任

胡尚賢 南直歙縣人選貢 萬曆三十二年任

錢弘毅 江西靖安人選貢 萬曆三十八年任

李克榮 北直玉田人恩貢 萬曆三十九年任

向胤賢 四川通江人進士 萬曆四十一年任

宣大勳　雲南蒙化人進士　萬曆四十三年任

王世臣　江西高安人舉人　萬曆四十四年任

丁惟謹　雲南楚雄人舉人　天啓元年任

林鳳翀　福建莆田人舉人　天啓二年任

陳汝情　北直保安人歲貢　天啓五年任

蔣洪先　廣西全州人舉人　天啓七年任

王嘉善　山東濰縣人舉人　崇禎三年任

趙利真　山東滕縣人舉人　崇禎七年任

李　王　貴州新貴人貢士　崇禎十年任

任有剛 山東平原人舉人 順治三年任
蕭世賁 北直大興人進士 順治七年任
楊之琳 陝西西安人舉人 順治十年任
詹人訓 浙江衢州人貢士 順治十一年任
汪景勳 北直景州人貢士 順治十四年任
蕭恒 陝西三原人進士 順治十五年任
張一躍 北直樂亭人貢士 康熙四年任

簿尉附

典史　周天造　福建莆田人　吏員
嘉靖四十三年任

劉珂　[redacted]人
隆慶二年任

主簿　梁雲鴻　四川[redacted]人　吏員
隆慶四年任

張燿　南直[redacted]人
隆慶六年任

仇勉　南直[redacted]人　監生
隆慶六年任

袁再思　江西新建人
萬曆三年任

劉深 四川[redacted]人 監生
萬曆四年任

陳世美 江西南昌人
萬曆五年任

張諷 四川[redacted]人 監生
萬曆六年任

劉邦卿 山東[redacted]人
萬曆八年任

盧希賢 廣西平南人 恩貢
萬曆九年任

吳從龍 浙江[redacted]人
萬曆十年任

沈可珩 南直華亭人 監生
萬曆十三年任

傅大賢 江西南昌人
萬曆十四年任

應檯 浙江鄞縣人 吏員

吳本成 [redacted]人

萬曆十五年任
王弘嗣北直薊州人監生
萬曆十七年任
柯之孚南直貴池人監生
萬曆十九年任
劉光蔚河南新鄭人監生
萬曆二十二年任
鄭宦四川廣安人吏員
萬曆二十五年任

萬曆十九年任
楊洲浙江歸安人
萬曆二十一年任
應可欲浙江鄞縣人
萬曆二十五年任
陳善長廣東四會人
萬曆三十年任
張維翰雲南鶴慶人
萬曆三十一年任

梁汝奇 四川興文人
選貢
萬曆二十
九年任

徐聘卿 南直吳縣人
萬曆三十
三年任

李雲鵬 南直亳州人
監生
萬曆三十
二年任

許應龍 江西臨川人
萬曆三十
五年任

李拱陽 南直溧水人
監生
萬曆三十
五年任

范文明 四川內江人
萬曆三十
七年任

陸通 福建南安人
吏員
萬曆三十
八年任

朱光慶 浙江仙居人
萬曆四十
年任

柯成材 浙江嘉善人
吏員

韓仲徵 南直高淳人

萬曆四十三年任　　萬曆四十四年任

王三聘浙江孝豐人監生　　王元楫浙江東陽人

萬曆四十七年任　　萬曆四十七年任

陳思隆浙江義烏人吏員　　謝應選浙江會稽人

天啓二年任　　天啓二年任

崔士翰南直太平人監生　　蔣家棟福建晉江人

天啓四年任　　天啓五年任

楊士清廣東東莞人吏員　　吳光鉉浙江餘姚人

天啓六年任　　天啓七年任

張文芳山東阿縣人吏員崇禎二年任

陳允明浙江鄞縣人崇禎二年任

楊枝茂南直碭山人吏員崇禎四年任

王鵠浙江人崇禎五年任

馬一元

胡起謨南直人崇禎八年任

宋之彥

張光縉南直東流縣人崇禎十一年任

陳明煜

嚴興法浙江

崇禎十三年任

輿弘

陳天祉浙江紹興人

崇禎十六年任

張起蛟順天通州人

順治十二年任

李震浙江山陰人

順治十六年任

陳聖訓浙江東陽人

康熙二年任

學校

黃安之有學校自今始乃其官師功令則由舊巳爰述往代廢興之由曁

國朝

廣厲之意俾任斯職者覽省焉

粤惟庠序學校之設唐虞以來三代尚矣盖厲賢崇化寔興平致理之原本也史遷曰安寧長庠序抑庠序長安寧耳秦詘斯道亡也忽焉漢興喟然嘆興于學歷三世未遑遑武

帝用公孫弘議寔始為博士置弟子員五千人著為功令其時校官或稱文學或稱經學士魏晉浮蕩儒教淪歇隋並其學廢罷唐武德中詔置州縣鄉學員其制郡文學一人學生四十人宋慶曆中用范仲淹議始詔諸路州軍皆立學本道使者選部屬官為教授員不足取于鄉里宿學有道術者劾奏隸于朝命于朝自熙寧始然僅五十三員耳下州及縣猶兼領于有司或所在士人也其時有學長

學諭直學齋長齋諭等名元諸路儒學置教授學正學録州置學正訓導縣置教諭選民訓導一員　國朝洪武二秊即詔天下郡縣皆立學已詔監學通祀孔子十三秊頒臥碑十六秊頒飲射禮式　御製大誥教民榜中又申飭焉正統元秊始設督學憲臣授之勑諭嘉靖七秊頒敬一箴五箴註九秊用輔臣張璁議　欽定先師孔子祀典明秊勑禮部遍行天下儒學遵行之於戲

皇祖列聖之所以廣厲學官者何殷殷若斯耶
黃安儒學設教諭一員未入流歲俸三十六石
月支本色米二石廪米一石齋夫二名訓導一員俸廪齋
夫同學生二十人增廣生二十人附學生不
限以數惟其人以承教學生日有膳月有廪
歲有鐲復學月考之縣季考之督學憲臣歲
考之每二歲貢于禮部者一人實興于布政
司舉于禮部大對于　庭者惟其人制也
大誥天下府州縣學官咸懷先聖先賢之道于

斯至精者方敢領授是任演先聖先賢之道以開天生上智之人以明中材之士以訓下愚之徒學校之設豈非禮之徒易居之所乃賢人君子端本澄源之所設使君子居是其徒日漸君子矣惡人居是其徒日漸兇徒矣

教民榜令後天下教官人等務要依先聖先賢格言訓誨後進使之成材以備使用敢有不依聖賢格言妄生異議以惑後生乖其良心者誅其本身全家遷發化外　洪武十五年

上諭禮部曰學官所以造就人材模範後進非老成篤學之士不宜居是其令各按察司精考儒學官不通經術者送吏部別用其有通經術能文章滯于下僚者悉以名聞　十

八年吏部奏下第舉人除授教官

上諭之曰教學之方非求速化譬之爲㙜者必基于實土行千里者必始于跬步但當勉其勤力循序漸進自有其效耳若急遽苟且未得于此而即求于彼非但學者無益甯亦

徒勞矣且爾等年方壯盛雖職在教人尤當自脩夫自脩之道又當常存謙抑不可自滿即如工人習技常見己不若人則所習益高常見人不若己則所習益下矣爾其勉之二十四年以訓導陞燕周二府長史吏部尚書詹徽以爲越資宜試職　上曰師儒職雖卑其道則尊不可以資格論遂實授仍賜冠帶文綺襲衣又洪武中有司以儒學訓導應薦賢良詔李叔正言師範員缺生徒廢業不可

上曰朕急作人務求明師有司又薦而他用甚
失朕意禁勿許
上曰教官果稱師範之任即於教職內陞如才
能堪撫民及𨨏劇者亦當隨材任使不可執
一通今年以來教職卓異者咸得　欽取科道
之選矣
興以來崇重師儒之意類如此
附文廟祀考洪武五年罷孟子配享踰年
上曰我聞孟子辨異端闢邪說發明孔子之道

宜祀如故二十九年罷揚雄從祀祀董仲舒
正統二年進胡安國蔡沉眞德秀從祀八年
追封吳澄爲臨川郡公從祀成化二年追封
仲舒爲廣川伯安國建寧伯沉崇安伯德秀
浦城伯弘治八年追封楊時爲將樂伯從祀
嘉靖九年詔文廟俱撤塑像用木主去大成
文宣王謚號題稱至聖先師孔子四配題稱
復聖顔子宗聖曾子述聖子思子亞聖孟子
從祀及門弟子稱先賢左丘明以下稱先儒

盡罷諸封爵申黨卽申棖存棖去黨公伯寮
秦冉顏何荀況戴聖劉向賈逵馬融何休王
肅王弼杜預吳澄十三人俱罷祀林放遽瑗
鄭玄鄭衆盧植服虔范甯七人祀於其鄉進
后蒼王通胡瑗歐陽修陸九淵從祀凡神主
改稱之位大成殿額改稱先師廟戟門稱文
廟之門別立祠祀齊公叔梁紇啓聖公孔氏
以顏無繇曾點孔鯉孟孫氏配稱先賢程珦
朱松蔡元定從祀稱先儒撤無繇點鯉從祀

遵復　國初舊制國子監用十籩十豆天下
學用八籩八豆樂舞通用六佾其四配籩豆
六哲廡囟祝文樂章改王爲師先聖爲孔聖
餘文仍舊　隆慶六年以薛瑄從祀　萬曆
十二年十一月
上允廷臣議以王守仁陳獻章胡居仁從祀
棟按邑之初建也有程鄉小學焉程鄉者二
程夫子所鍾育處也自邑庠興而小學廢矣
然列學宫者強半附邑人士其潺源老山等

處則聲教不及矣邇來
皇帝介第潞王考求景府故封而老山等處遂
從而賑焉乃其民猶邑也一切徵輸勾攝幾
爲遮藪耿叔臺先生憂曰柰何使一圍之內
而各有封乎異日者將爲萑莽矣乃引閩之
漳泉事例設鄉化生科著四難三患之說陳
悉利害援邑人令請之學使者得報而諸家子
弟楚楚青衿與邑人士比昔之互鄉今之化
國有味哉轉移化導之術也顧獵進者乃欲

冒之以榜名失所係來之意矣

師儒表

教諭　訓導

周天衢江安人歲貢嘉靖四十四年任　饒有仁青城人歲貢嘉靖四十四年任

文承誥全州人舉人隆慶二年任　袁伯偉豐城人歲貢隆慶四年任

劉寵長淮衛人歲貢隆慶四年任　高樹高陵人歲貢隆慶四年任

曹輅天長人歲貢萬曆元年任　項生奇龍泉人歲貢萬曆二年任

王元弼南昌人舉人萬曆五年任　馬錦成都人舉人萬曆五年任

劉允祚衡陽人舉人萬曆十一年任　趙應麟長沙人歲貢萬曆十年任

趙時中 贛州人歲貢萬曆十六年任　王鑰 湘陰人歲貢萬曆十六年任

何登 太興人舉人萬曆二十年任　阮良謨 邵陽人歲貢萬曆十八年任

熊輪 城步人歲貢萬曆二十三年任　王建極 歸州人歲貢萬曆　年任

田文齡 恭城人歲貢萬曆二十七年任　鄢良任 鄰水人歲貢萬曆　年任

高可升 雅州人歲貢萬曆　年任　彭洵 永州人歲貢萬曆　年任

李應南 衡陽人歲貢萬曆　年任　郭紹孔 澧州人歲貢萬曆　年任

董大雅 永嘉人歲貢萬曆　年任　熊兆 漢陽人歲貢萬曆　年任

呂時煥 江夏人舉人萬曆　年任　徐自新 嘉魚人歲貢天啓　年任

費朝宗 鉛山人歲貢萬曆　年任

武建邦 祥符人歲貢萬曆 季任　熊兆 漢陽人歲貢萬曆 季任

黎汝謨 羅山人舉人萬曆四十七季任　徐自新 嘉魚人歲貢天啓 季任

黄尚昇 蒲圻人舉人天啓元季任　舒應鵠 聚蒲人歲貢天啓七季任

胡試 江夏人歲貢崇禎五季任　濮應源 光山人歲貢崇禎五季任

黄元春 新建人舉人　傅應元 安陸人歲貢崇禎六季任

張道謨 溆浦人 貢　駱中駿 蒲岐人 貢

方懋脩 漢川人舉人　王大猷 鄖西人 貢

吳守中 漢陽人 貢　范起鳳 鄖縣人 貢

林瑾 大冶人舉人順治九年任

學校

鄒璧明　徐州人貢　康熙肆年任

耿子曰學諭文承誥雅質醇心才識銓詘曹轄性磊落行已雖少檢押而扶義好施貧士多德之司訓中如表伯偉雅恂不忝師莫惜任不久高樹會游涇野呂先生之門行已猶有恥心焉海中丞瑞嘗著論其意曰古有爲貧而仕者抱關擊柝委吏乘田是也若爲道而仕者莫如教職蓋人綱所自立人材所由造世運之隆替實基於此近世就此官者亦曰爲貧爲貧謬矣自世沿此說而不察也是

故多自齪齪其職不舉而士習益蠱吏治日偷從來矣豈不悲哉余愛其說識之以俟來賢

耿子曰儒生自束髮列黌序即復其身高等者餼之一歲一校三歲一比有司費當幾何由此進上公車則有司豐燕飾徽樹坊表津資計借費又當幾何由此對大庭蹐膴仕者二論已即貢之春官者計一人終生所受不知費有司幾何也夫逆旅之人或投之壺漿爲衣者沒身德之不忘士初與齊民等耳諸費皆咸齊民脂膏拮据萬方苦辛所共者而一旦取爲吾儕費國家意指何以哉試

一思之當不忍重負矣

拔允叔父鄉薦之日闔邑中黄童白叟歡呼踴躍驚喜欲狂人持一香家樹一幟題曰德門仁報曰天順人歡曰科名踵武曰衆心同願曰德懋昌熾曰華胄濟美曰里仁黎獻其窮鄉委巷人跡罕至之處莫不覩頌褒揚爭相懸揭累數千餘言今益不勝紀云應昌應訓謹識

乃孫異待入成均衆人贈言

張師父科甲先聲　盧外祖策名天府

衙居奕葉重光　家門承先啓後
謝友　　　　　親友

一二

黄安初乘卷之下

風俗　積習成風風漸成俗從來矣綜其大較一時有一時之風一邑有一邑之風一鄉有一鄉之風析觀之即一家有一家之風也據舊志所述諸讓然爾豈今昔異致耶茲據余所覩記者志風俗令省方者臨鑒觀焉

按隋志云黄俗尚淳質多儉約蘇文忠云山水清遠士風厚善其民寡求而不爭其士靜而文朴而不陋舉德樂道異于他邦張耒雜志云豊

惰而田事不脩。諸自黄郡縣言之也今質之諸邑或不盡然惟黄安多近是朱聰菴謂齊安在江淮間最爲窮僻以王翰林韓忠獻蘇文忠宦此謂之辱居今齊安衰然稱名郡矣惟黄安介壤至今尤窮僻也然閭成弘間民生頗爲殷盛黎甿多老死不入城市不見官府者憶余兒時猶及見里中田舍翁歲時頻以酒食相徵召主賓俱冠廣簷帽衣寬博直身衣腰絛而束之金鈎往來乘良駿家僮鳴鉦執盾前導歲節或益以鼓吹主人具酒饌于門以待至輒浮巨觥相酬勸俗謂之接路蓋不及座而先已酣然讙湏歡呼不知責詩禮也其一應輸將践更事悉托之市猾一倍再倍不解計算大都其淳未撓其朴未散矣乃國中仕宦者類貧窘甚或不給朝夕常仰貸吾里出入策款段著頭負囊以隨間有從使老婢者即內室鬒寧多不能具輜軿諸世族躋膴仕者往往而是夫我生之初距今才六紀耳其風猶然前是冢宰歸而穀秩布田不

虛耶乃嘉靖中葉此攘劫爲盜藪刦奪嚚訟閭閻漸空環視細民第身有完服跨蹇道上行即已豪于里中矣而國中冠族宦家大都視昔若異趣也逮嘉隆之際里中二三子賴天所啓倡明斯學朋輩因之興起聯會講業閭誦巷歌以聚友談道爲高以華競厚營爲耻即窮簷側陋之士或匿跡持衡而綠林揭竿之魁亦回心賣劍益雖民生凋瘵兹尚未瘳而士類津津嚮往庶無慙愆蘇公所稱尊德樂道云矣謂一時有一

時之風非耶若自三鄉析觀之雖其媺慝殊互不相蓋掩綜其大較亦若不侔大仙人多柔善質木願寓縣近地法令益易馴矣或節其儉嗇而淪于陋則貧故之以也中和人多勁氣即貧而巧者亦不作險靡乞憐狀乃其敝也或狡于訟而多逋負焉瀛源人士頗狷謹而幸好客顧絕僻之鄉周南之末風漸微也喪葬侈于款賓而肆于慎終歲時澀于醮祠而缺于追遠三鄉之裔大都溺于習矣又盜主訟師時或有之此

不美之尤官司之所苦也舊志所云田事不脩太仙谿源穆然中和之南則稍異耳所謂一鄉有一鄉之風蓋如此又自里中三五巨族觀之秦氏之族習禮容雖廝賤之臣遇人于途亦釋耒相拱揖也方氏之族多負性使氣骨肉少恩有自矣近二三賢者起而維之其可漸格也王氏前輩篤于友誼子姓衆之友情至今可觀吳氏纖勤治生力于耕織奕世孝友餘風猶有存焉趙氏質任真率即新姻疎客不飾繁禮余宗

質性仁柔大耐忍辱及此圯族卽鮮終矣所謂一家有一家之風類如此雖然林宗之里巾多折角叔敖令郢民自高車彼愛尚相奪與時回變固于風而靡然不自知者細民也知風之自慎厥標表于以翹弊還淳振俗陶物則存乎其人矣

景賢

蘇子瞻曰光黄之間多異人維我分壤寔在光黄間也顧子瞻所謂異人方山子之流也與余異指昔孟子所稱異人以其所以存心者足法天下傳後世云耳吾壤山川所毓豈無若人之儔哉遐哉邈矣兹據所聞于近代者志景賢往雖擲稽來可續焉

吳公名應澍閩南招撫使季子也公生七歲而孤及長通儒業習國語傳學多能以德義爲鄉

里所欽長兄曰東山兩淮鹽場司沒無後繼以次兄之次子南山亦早逝遺孤五人女六人公撫敎如己出男爲娶女爲嫁既以己財拓其產業數倍于前又以所置產業與己子均分之陽邏至桃花故達京孔道也地高得水甚艱公鑿井一十九所家汲以濟人其道驅險不通車馬公爲夷險砌石作橋若干所行旅便之每歲施棺以濟死者日施粥以濟途人建義塾招名師以訓鄉里子弟名士大夫若吳草廬魯子翬龍

麟洲黄子肅平章乞任忽刺歹右丞扎忽忽台參政龔友輔御史李子原皆與公交天曆己巳湖省平章司薦公德義不求聞達上遣巽琛庫大使陶肅卿齎詔徵之公不起御書西山二字褒之人至今稱西山先生云萬曆十二年知縣余栢申詳學道王圻批允祟祀鄉賢祠錄其儀衣巾奉祀

賛曰吳公長者富好行德罄并爲梁飲糜道設涉者脊靡病行者得食懿德升聞西山揚側

佑啓後人簪纓

吳公名榮一中和里人洪武初棲中和石壁山種蔬養鶴博覽豪吟凌轢巢許嘗荷鑱斸藥濟人後徙於莬廄後有王璸及思裕者俱以隱德名

贊曰鳳翔千仞鳶嚇腐鼠有美吳公高騫冥舉蟬蛻塵埃石壁是宇斸藥種蔬一鶴答與博覽豪吟凌轢巢許

吳公名琳字朝陽中和里人西山先生子也公

性資純篤力干問學通毛詩小戴記平溪之歲
太祖御用荊楚名儒用詹同薦召爲國子博士
與同並教冑子公才藻不及同至商確經義亹
亹不倦同自謂不及公遠甚　上每聽政暇召
公咨時事輒進嘉言嗣遷浙江按察司僉事歷
貳藩臺皆效職有才名入爲起居注吳元年
命同魏觀求遺賢于四方陞太常卿進兵部尚
書京闈鄉試　上曰琳經學優命與司業宋濂
典試事洪武三年改吏部尚書　賜誥褒美之

時給事中侯庸署侍郎事公旣入吏部與詹同送覲事尋公以老乞致仕旣家居 上嘗遣使察之使者潛至公旁舍見一農人坐小几拔秧布田貌甚端使者問曰此有吳尚書者家何在其人尚在否農人斂手對曰琳是也使者還白狀 上益重之弟琛字天錫歷官衢州府同知

補 公沒久子孫寖微其墓塋爲隣豪侵埋矣萬曆二十年知縣應存初始爲封其兆域（按此隆之所增）萬曆十二年知縣余相中許學道王圻批允崇祀

鄉賢祠廖太史曰周官冢宰厥任惟重聖
祖法周建官公首被命躬遭異數千載一時其
勳鴻流茂樹不朽矣

賛曰冢宰之職厥惟艱哉位統百寮象應三
台代天弘化體國求才吐哺握髮推行化裁
彼美吳公謨明弼諧

詹公名同字同文舊名書其先婺源人也生而
穎靈獨抱奇氣元學士虞集以其弟槃之子妻
之至正中舉茂才異等授衎州路學正遇亂道

梗因家黃州僞漢僞學士承旨兼御史　高
皇帝平陳召爲國子博士易今名歷考功郎中
丙午爲起居注時命有司求遺書　上謂公曰
三皇五帝之書不盡傳于世故後世鮮知其行
事漢武帝購求遺書六經始出唐虞三代之治
始可得見武帝雄才大畧後世罕及表章六經
開闡帝王之學大有功于後世吾每于宮中無
事輒取孔氏之言觀之如節用愛人使民以時
真治國之良規孔子誠爲萬世師也命考宗廟

賜饗禮與元年　上謂公等曰國史貴直筆予
平日言行是非善惡汝等皆當直書勿隱諱使
後世觀之不失其實洪武元年四月命畫古孝
行及起家戰伐歷試愁苦爲圖以垂世訓　上
謂同曰朕家本業農祖父皆長者世承忠厚積
善餘慶以及于朕今圖茲以貽子孫俾知王業
艱難公對曰　陛下昭德垂訓莫此爲切　上
曰富貴易驕艱難易忽久遠易忘後世子孫生
長深宮惟見富貴易于奢侈不知祖宗積累之

難故示之俾朝夕覽觀庶有所警也嘗正音樂進所訂釋奠樂章下太常用之是年以翰林待制遷直學士明年陞侍讀學士劉基疏請加禮大臣公因取戴記及賈誼疏以進且復開說剴切　上深納之又嘗　諭公曰古人爲文章或以明道德或以通當世之務典謨之言明白易知無深怪險僻之語至如孔明出師表亦何嘗雕刻爲文而誠意溢出使人誦之自然忠義感激近世文士不究道德之本不達當世之務詞

雖艱深意實淺近即使過于司馬相如揚雄何
裨實用自今翰林爲文但取通道理明時務者
無事浮藻四季陞吏部尚書有　勅諭之六季
爲學士承旨兼吏部尚書　上御奉天門謂公
曰論行事于目前不若鑒之于往古鄉儒者試
言古先帝王爲治之道公對曰帝王之治莫善
于唐虞三代可以爲萬世法　上曰三代而上
治本于心三代而下治本于法由于心者道德
仁義其用爲無窮由乎法者權謀術數其用有

聘而窮然為治者違乎道德仁義必入于權謀
術數甚矣擇術不可不慎也是年　命公與宋
濂等脩日曆為總裁官七年五月書成自　上
起兵臨濠至六年癸丑冬十二月凡征伐次第
禮樂沿革刑政設施羣臣功過四　朝貢之類
莫不具載為一百卷藏金匱副在秘書監公及
宋濂又言日曆藏之天府人欲見之有不可得
請如唐太宗貞觀政要分類更輯聖政為書以
傳天下後世　上從之分四十類自敬天至制

之　凡五卷名皇明寶訓凡有聖政史官日紀錄之隨類增入與劉基宋濂侍燕便殿公被酒還揮毫賦詩贈黃祀字大如筆會　上傳宣公餘醒未解　上謂公曰卿醉未醒耶公對曰臣雖醉猶能賦詩贈黃秀才秀才謂祀也　上曰詩何在曰在史館中　命濂亟取之　上咲曰朕即和同詩卿當爲朕書之尋以老乞骸　上賜之勅褒嘉之以翰林學士致仕未幾復起爲學士承旨公操行耿介終始清白所著有天衢

吟嘯及海涓集子徽歷官監察都御史僉都御史洪武十七年陞左都御史十九年　上以徽奉職公勤詔復其家二十年爲吏部尚書兼左都御史明年以公子太子洗馬敘爲尚寶丞二十五年拜太子少保兼吏部尚書都御史公以才勝　大誥稱徽剛斷嫉惡不容奸僞使吏髮逶面垢容愁肌瘦不異覊囚以不得肆其貪故若是父子俱爲吏部尚書自公始後坐藍黨死徽第二子世家于此從子希原爲中書舍人籍

大書兼歐虞韓柳體凡宮殿城門坊扁皆其所書廖太史曰詹公獻納忠懇被寵優渥天道建矦各因其材尒矣可謂榮哉

賛曰烏惟擇木魚則依水君臣同遊係全終始苟弗奮始焉克令終於昭豪傑附鳳攀龍玉堂視草銓衡秉鑑猗與佳哉　皇謨斯賛

鄒公名來學字時敏太平里人宣德癸丑進士初授戶部主事轉員外郎從靖遠伯王驥征麓川以功陞郎中丁憂服闋改通政司右參議督

儲于永平山海正統己巳報急京城擢右僉都
御史節制軍務巡視畿甸東北諸關隘時人情
洶洶廷臣懾息僉謀城守公請擇文武大臣各
帥軍據險以要其歸路大軍從而逐之內外夾
攻宜無不殄滅者于是命公帥所部趨紫荊關
易州等處偕昌平侯楊洪追躡其後方當百務
叢脞之際公綜覈名實刻期樹功糴倉庾轉芻
粟築城浚池立屯堡精器械舉將練兵事爲之
所京師賴扞蔽焉景泰癸酉陟副都御史命衆

御君庸倒馬白羊龍泉等關而邊境無虞矣甲戌東南數郡大旱百姓騷然朝廷材公又改命巡撫蘇松常鎮賑之于是蠲逋負免徭役發廩勸公興水利督耕作詢察吏治旌良儆貪譏謗不恤上疏畧曰天之降災未有如今日之甚民之饑饉未有如蘇松之甚臣巡歷郡邑體驗民情疾者相枕連途生者號啼盈市棄家蕩産鬻妻賣子在在有之臣已令郡縣稍有倉廩者撥月關給賑濟或移粟于鄰壤或貸種于富家凡

未完糧草買辦差徭之類俱令停止人心僅安
生理少遂奈瘦疾流行匪直蘇松雖嘉湖常鎮
亦然生民之患莫重于此又小麥將熟忽皆黄
朽事出不測空腹待食惶惶失望以土沃民廣
之地變爲嗟怨愁嘆之墟推其所自必有所召
皇上中興以來法　祖敬天愛人節用登期郡
邑之官恐心害理科歛侵欺詞訟旁午而不問
囹圄克盈而不理里閭姦徒包納供應以官錢
爲私貨以公廩爲家資大家豪戶凌虐小民剝

剝膏脂罄空杼軸其他痼弊不能枚舉臣將已甚者執問如律餘令警省自新夫守令生民之父母巡撫又守令之表率今災異如此雖守令之過實臣之罪也伏望慎選剛明廉幹者任巡撫之責庶天心可回災患可弭矣　上嘉納之公又請存京儲以備賑濟復輪運以省勞費時善其議竟以勞瘁成疾及歸議葬祠道卒　上遣官致祭　命有司歸喪營塋孫賢登進士歷都給事中出補參議廖太史曰禮有之以勞定

景賢

國以久勤事則祀之余觀國史來學剸繁理劇
錯節盤根憂國如家恤民如子卒之盡瘁以久
可不謂勞乎

贊曰巳巳之變邊塵蔽空龍關失險狼望嘷
從耿若鄉公矢其精忠數奏以言明試以功
載諸國史盟于鼎鐘

教授公諱耿先字謙甫初諱大熹公生十九始發
憤爲舉子業治胡氏春秋茹苦刻厲季歲立士
譽漸起然敝冠決屐餐粗糲以爲常即輕儇者

以朴陋姗之不爲耻也弘治辛酉歲比公試郡邑俱高等尋爲督學所抑乃書上御史御史奇之得入試遂與計偕上春官第乙榜授河陰教諭公課諸庠士旦晚勤勞如課家子弟河陰故下邑時無中試者公以是考下左遷儀真司訓晉江陰教諭已晉衢州府教授蓋始終儒官云歷聘興試事所在得人爲多弘治甲子于四川正德丁卯于順天嘉靖壬午于福建乙酉則主試雲貴也初四川之聘夫至也有貴勢人預謂

知使人負亘賄丐錄其子公坐堂上引燭焚其
書麾使出之曰嗟天乎監在茲矣而敢枯此良
耶公性篤孝念養不逮親居常悲愴有詩曰父
母人皆有如何我獨無茫茫天地裹自覺此身
孤至今誦者感動焉遇族子姪猶子輪攜宦邸
督教之從翁大賓配彭氏寡居有志操公歲製
衣珥貽之又爲出貲雇傭代其子令得力學例
得錮復悉歸之族人歲歉斥俸賑焉嘗慕范文
正公之爲人欲置義庄建義塾蓋吹于祖宗積

德而始發于吾之言也事雖未就志可模也

贊曰弱冠發憤蹻立成名三遷造士四聘秉文永言敦睦尚友古人志雖未竟芳軌猶存

彭先生名台字公甫學者宗之稱爲東蒙先生大父諱文明業儒以胡氏春秋教授弟子多有顯者父鳳儀中正德己卯鄉試丞于先生生甫四歲而派識迥穎異不辟自幼無童子之過髫時侍諸薦紳燕聆坐中語或較計名位或覬羨物産輒心鄙之謂所善曰諸讀聖賢書列冠裳

愛　國重祿者耳其語幸齪齪若是世何賴焉
乃聞同類一善言懿行終身識之不忘稍長讀
書不啻強記顧務根極理要時以聖賢語反躬
省證一日讀性理羣書忽大感奮慨然有必爲
聖人之志嘗爲帙耤記日履上題曰天監在茲
雖念慮之微夢寐之隱少違于道忡忡竟日焉
甫踰冠舉己酉省試益孜孜以明道善俗爲己
任宴室茹苦晏如也有同季友寓書趨之謁當
路援例干請緘中附寄和什有不解如何是坐

志之句先生裁答云顏子坐忘當于簞瓢中求之其友慙而止壬子歲病饘粥不給歲當計偕例有道里費同年代取貽之先生恚曰此爲計偕故吾既病安敢濫此爲朝夕計卒還之公篤病亟友朋咭之有流涕拔面者先生嘆曰古人舍生以取義吾命自天非舍也妖壽不二君何悲爲卒年僅二十九家人不能治歛其同志友劉思召等醵金賻之先生學慕宋儒以誠敬爲宗平生無妄語清操雅度望之知爲有道士必

英毅端重不屑與庸俗人伍長克養益粹賢愚僉受其益至今里中後生彬彬興起志學多其倡導云隆慶某年督學顏鯨批允崇祀鄉賢祠

贊曰卓哉公甫幼而岐嶷長志聖學左純右規俗庸是鄙賢哲是師取嚴一介之外靡移宮墻俎豆僉曰允宜

方公名民懷字懋元自少猖謹稍長志古人之學從道峯毛先生遊弱冠舉于鄉家食二十季絕跡公府嘗寓旅舍有女奔者公正色叱之女

晚曰父爲債窘故爾公亟取橐金贈而遣之蓋有魯男子之風焉謁選爲林縣令五載有惠政林民至今德之平生恥爲姗阿有監司臨以非禮者公拂衣起曰廿年不出正處姑此隨賦歸歸之日橐無一金杜門却掃即族里徵召不赴家徒壁立而日以醇醪自娛其風致又若靖節云伯兄憲副有子沒無嗣家累鉅千珍綺稱是公臨其喪靚之志曰此禍胎也不顧而去任其姻黨恣取若將浼焉安陽閻學郭東野林鄉封

人也嵇公治行為余敢稱之趨今後起卒不出
既自為贊以見志
贊曰一箇模樣如癡如拙一箇心腸如石如
鐵一箇義字如粟如帛一箇利字如蛇如蝎
人問不知向人不說事到頭來自信自決里
人士傳誦之咸謂無媿辭云
耿子曰惟出與處士人之大致也茲所稱引
諸賢或垂鴻樹勳為國基杖或茹貞種德為
世模楷雖茲之數百歲其人若存矣矧發祥

之源流芳之躅寔孔邇哉昔人尚友千古始
于一鄉典刑尚在諗我後人

中憲靜菴公神道碑　　華亭徐　階

靜菴先生耿公湖南麻城人也諱金字宗秀
別號靜菴先生嘗以伯子中丞貴
請封中憲大夫都察院右僉都御史舉且重

矣然而湖之人士必兼先生稱之者尚德也

先生世居浮光之寒山里

國初有諱國寶者率其次子必安從

高皇帝定中原因占籍燕京而長子必順奉母周從家麻城是生思敬思敬生承洪承洪生大振連三世皆以德著於鄉而大振尤名修飭先生其叔子也少與仲季同業儒既乃以身任家政而縱仲季以學其後仲季皆不克成而中丞之生資與志迥然出羣輩右先生

喜曰竟見吾業者在是兒乎抱其家所有孔孟周程書及近世大儒所爲傳習録以授中丞曰非此不名正學兒熟習焉可也中丞早歲爲邑令所知令時爲政嚴里人劉某與逸盜同姓名令誤以屬吏先生命中丞白之劉奉金幣良馬爲壽先生大恚曰夫取非其有者盜也吾方脱若於盜奈何以盜餽我劉惶懼遂不敢復言姻吳氏有子録于有司意出中丞薦手二幣謝先生先生不受曰君之子自

以文進吾何敢攘爲功中丞舉于鄉報者至先生方擁帚庭間了不爲動徐曰兒子幸竊一第乃以勞君其不爲榮利所動如此故先生自少壯即以有德稱及中丞舉進士拜御史迎養于京師先生力謝賓客而獨與廬山胡子近溪羅子日危坐論學喟然曰吾乃今知諸緣境皆妄耳益究心義利幾微之辨適然以淡素自怡嘗自京師附今少宰汝泉趙公副車以歸後趙公語先生叔子曰吾數嘱

尊翁彼於交際即一臠一蔬若將浼也由是
考德者益歸先生中丞既篤志正學又習見
先生之身教爲御史正色直言數排擊大吏
之不法者督學南畿抑士之浮華與其躁競
盡黜業舉者支離誕漫之說還之身心士退
而考其踐履無一不與言合一時論學者翕
然以爲宗而故所排擊大吏滋不悅遂目爲
黨魁隆慶庚午中丞自御史佐大理八年矣
猶以舊官謫判達州賴
景賢

今天子明聖步師江陵張公雅知其賢召拜工部主事遷尚寶丞踰年先生以叔子貴封屯田主事又踰年中丞自太僕少卿拜都察院僉都御史理院事士大夫咸忻忻慶於朝乃先生于其謫也無愠色及是亦無喜容獨語中丞勉樹立以圖報而已先生年八十喪其配秦中丞奉先生居山中躬穰圃爲養父子兄弟相對若遂與世無情者戊寅

召中丞提督福建軍務中丞念先生老不欲

行先生强之曰若欲
國恩未有能報塞且疆場之事非若所得辭
也乃起入閩己卯先生以
兩宫徽號恩進今封每閩使至輒語中丞以報
國視前加諄諄焉庚辰叔子將赴台察先生
稍衰不即就道中丞聞遽草疏乞致仕未及
上而先生卒閏四月之二日也中丞號痛屢
絕門人上元李登等進言曰毁無益也盍爲
先生圖不朽乎乃屬登具行略請于碑于其

墓予與中丞交廿餘年號爲知己雖老且病
不敢辭先生性慈儉好施予不喜談人短而
樂成就人中丞家食時里之惡少飛書陷數
百人以盜不遂更飛書搆先生後中丞貴其
人深自愧恐先生數持酒脯過其家慰且教
之卒爲善士其爲封君葛巾布袍攜一童子
步行田疇閒遇者率莫能辨識歸而乞賑貸
者則率滿于門先生應之不少厭倦既疾革
猶念族之貧女未嫁命家人爲治匳筐既具

乃瞑益自結髮至没齒其修于身刑于家施于宗姻鄉黨被于怨讎德甚盛矣然予嘗以爲家有賢父兄斯國得藉其良子弟以佐成化理名有人于後世故先生之德莫大于能成其子而予書之詳焉配秦氏封安人贈太恭人中丞之按西夏邊將有挾千金謁先生求薦者先生叱去之而僞以試太恭人恭人頓足曰禍至矣禍至矣先生唉具語以實乃亦笑說者謂與協德云子男四長中丞定向

仲定理叔定方台守也季定裕孫男十汝愚
貢士中丞出汝愈庠生次汝悳又夭汝忠庠
生夭汝思皆仲出汝忞台守出汝懿汝憲汝
惪季出女四仲叔所出各一季二先生生弘
治丁巳十二月十日亭年八十四辛巳月
日葬黄安上莊之原予聞有德者之藏過
者所必式而鄉之人所必相其子孫以奉俎
豆也因爲詩刻諸碑末俾歌以祀先生詩曰
先生昔遊茲兮楚之人畢從草木增輝兮山

增崇先生今葬兹兮楚之人胥盡林鶴晨號兮猿夜泣鬱悲思兮曷申歲春秋兮薦藻蘋曰去我兮何所誰我拊兮誰教我先生雖歿留者長德不朽兮澤不亡楚誠多材兮尚無斁慎厥身修兮惟先生是則

追議鳴甫公神道碑　　瑯琊王世貞

余官金陵獲從今御史大夫耿公定向遊一日儼然而造余再拜曰不穀竊有請也不穀所以有今日者實唯我王父司寇公力徼王父是無不穀也徼王父之誨之猶無不穀也日者甲申之召不穀已倦遊矣諸弟子謂可無出不穀未之應也而仲氏定理獨曰王父爲爲地下未奉一命之旌兄能恝然而已耶不穀以是强出至今官而中間合中丞少司

寇之績而上之
天子贈公爲左司寇而王母封亦爾之
制詞襃揚備至于是王父始有聞于世雖然其
歸魄之所兆域定矣不能有所後大計獨考
令甲當有七尺之碑樹之神道意者耤吾子
之一言乎不然何以光昭
上之寵靈而發王父之潛德余唯唯耿公乃言
曰王父諱大振字鳴甫耿之先于春秋爲國
姓至漢而大著封侯將相者以數十計其後

子孫散處江黃間元季起兵有均用公者以
材武從里中少季據險自保受朝命爲鎮撫
高皇帝略定楚地國寶公挈其次子必安從而
命長子必順奉母從之麻城遂定爲麻城人
順子思敬孫洪曾孫世庸咸隱德弟耀至公
而始治經術爲博士家言有聲從翁教授公
先者少穎公出其餘資之取科目而顧不能
自致融顯凡再試不利輙念其父母老謝去
以其養篤謹聞葬後先考終公柴瘠逾禮附

身附搢紳恭周慎閭黨稱之然公已壯而父不厭家政公曰吾知爲子而已及父沒而公有四子亦皆立公分授之政曰吾不任爲若曹役也且丈夫安能埋七尺米鹽絲枲間且閉戶危坐讀書凝塵滿席湛如也公貌脩偉舉止儼雅不矜而莊見者肅然衿紳之徒與深談竟日暮霏霏若吐芬屑餘不得博公一肯色以故交遊漸寡公亦簡出外市廛之跡可數也婦李淑人賢而相敦既前卒公遂不

再娶御家以禮法諸孫十餘人晨朝問所業以不得誚呵爲幸顧獨愛不穀自襁褓時手之不離抱夕與偕寢甫齔而疹發甚厲侍者皆穢惡之公獨置之腹不穀之父封公垂泣請曰疹有毒奈何以肺腑親之公不聽益移月而不穀愈始辭公腹自是有所受經史及撰著文藝之屬耳必循公口手必歷公目益十四而遣從師業粗已就矣及病革猶數謂先封公兒何在毋驚之妨其業也不穀自顧

下足獨當公豈公有靈鑒謂不穀當有成耶嗟乎公能審不穀成不能見公成也今者若足以報公又焉諗知公之必有知也悲哉余敬報耿大夫大夫世所尊信以爲眞儒賢者自叔梁氏之啓聖而無繇晢晌松之屬皆以子有聞然未有能率祖者今天下以大夫賢知公天下希賢之士以大夫賢知公公所爲不朽者豈一司寇而已耶公壽七十有一殁二十季而大顯諸孫十餘人定理能從大夫

于道定力任蜀郡守幾如文翁今爲閩督學
使者
銘曰玄德弗昭昭自聞孫等彼聞孫亦饒哲
昆三命之崇貢于丘樊惟喬有根洪流有源
我瞻伊人典刑斯存

通議靜菴公墓誌銘　太原王錫爵

先生姓耿氏諱金字宗秀靜菴其别號也有
四子而伯中丞君叔益守君最賢益守君寻
辛未所舉士也予得交中丞君自其弟爲媒

而先生之風烈行誼亦因與耳習焉大要兩君篤行凛凛而勵于學皆本之先生先生蓋嘗從豫章胡廬山氏羅近溪氏相與譚性命之學曠然悟諸緣俱妄蟬蜕萬物矣顧獨念兩君賢欲有所用之兩君之免毋喪也奉先生居山中躬耕采菽爲養然先生固不快也曰奈何以我故負

國于是益守君以謁補出久之中丞君亦以召起出兩君既出而皆悔之間爲予言陟岵情

事謀解官者數焉予業爲父母題請不忍以
王尊過嶠事勸人第從容問兩君即解官而
先生意云何于是兩君默然飲泣無以應也
予重哀兩君意故于先生殁而來請銘不能
辭按譜先生世家浮光之寨山里
國初有諱國寶者挈其次子必安從
高皇帝定中原因占籍燕京長子必順奉母徙
麻城遂世爲麻城人必順生思敬先生高祖
也曾祖洪祖世肅父大振皆隱不仕而大振

獨雅向文學禔身治家依于脩謹有先民長
者風先生其叔子也少業儒不遂輒棄去治
產佐仲季游學費已仲季竟無成而先生產
益落又數舉子而殤益睨得中丞君云中丞
君自童時則頭角嶄然先生陰奇之盡出故
所藏書令肆讀其中晨夜課勤勸謹出入微
伺所與從遊處如嚴師然大指用經術名理
爲訓不亟亟進取也既中丞君學成舉于鄉
報者至會先生方擁帚庭間不輟掃而謝之人

無喜容比中丞君兄弟先後成進士皆如之其恬于榮利多此類性嚴介重取予然諾而爲人居閒排難不以緩急辭始中丞君爲諸生高等邑令國士遇之里中人有與盜同名姓者坐詿誤下獄先生謂中丞君不可以成良有司過舉盡言之言之立解其人厚德先生奉金幣良馬爲壽先生咲曰若亦知取非其有之謂盜耶今雩若非盜而受若謝是自爲盜也麾之去媪吳氏子就童子試有名意

中丞君薦之具自陳謝先生前先生曰若子自以才進耳吾兄實不言何謝我爲當是時先生方窘甚立義較然執左券而不責若素貲屬厭于世味者不知其爲貧士也已食兩君報爲封官布衣杖屨從一老蒼頭負橐以遊不知其貲人也故耿氏父子淸白聞天下而論者尤多先生以身爲範成其子晉云

中丞君始爲御史先生蓋嘗一至京師就養附今少宰汝泉趙公副車以歸趙

公私瞯闘先生行李蕭然不受人一蔬一爵至今嘖嘖稱耿先生廉然先生雖厚自檢飭而薄責人仁心隱厚不矯矯爲崖異鄉里以此益附之中丞君未第時有爲蜚語誣數百家以盜者先生命中丞君詣所司直之誣者遂更連公後中丞君貴而先生陰視誣者邑不安持酒脯臨其家且尉且諭之其人感泣再拜請改過卒爲善良隣有誤殺其畜鶴者持一犢詣償先生笑不受曰爾謂我鶴能耕乎

嘗以羊寄人牧犯隣禾而隣殺之先生聞使
謂殺羊者趣烹之代吾爲若餉不言其他益
史稱劉穀一擲百萬而不能無動色于蕩炙
以先生納曲行觀之則其大可知也居恆賑
助貧發若不及病且亟猶趣命家人治裝遣
族女之未嫁者惜乎其澤不大行而狹之中
丞君兄翁中丞君爲御史久次遷廷尉丞用
伉直齟齬權貴謫更趣至今官中間事物
緣境遷染以萬狀而先生隤乎泊然無幾微

喜懼見言面者蓋先生父子間自爲知己得
失毀譽惟中丞君之聽一不聽于饍養而成
永訣痛乎爲人臣子之難也先生歿之日會
益守君自北部郎徙官過家及侍飲食差可
無憾而先生遺命仲子庀家政季子主分衣
服而瞋語不及中丞君蓋先生至歿終不向
兩君作兒女態中丞君知先生之志其亦可
無憾已先生生于弘治丁巳十二月十日歿
于萬曆庚辰閏四月二日得壽八十四初以

中丞君封文林郎雲南道監察御史次以益
守君封承德郎工部屯田清吏司主事其最
後復以中丞君得今封配秦氏初封安人贈
太恭人先先生五季卒子定向即中丞君娶
彭氏封恭人次定理娶鄢氏次定力即益守
君娶朱氏封安人次定裕娶彭氏孫男十人
汝愚貢士中丞君出汝念庠生次汝德早夭
次汝忠庠生次汝思皆仲出汝忞益守出汝
慤汝嵩汝憲季出孫女四人仲叔所出各一

季二先生諸子皆賢而仲定理號遲頓不及事一旦忽發慧中丞君舉進士驗與語出奇響應無窮不審遲何道也有何生材者爲予言先生家教嚴子孫自免乳以上出就外舍臥櫛飯靡衣挾册父兄前目未嘗敢舞視也彼其習習日長不見可欲如處囊鑰如虛室之生自則耿氏多賢子固有以哉先生將以辛巳八月廿六日葬于黄安屏莊之原其銘

曰

疇厚施而罔膺疇薄取而罔恫疇履貴而若
窮疇窮坎而若遘天之報公八十考終高原
光虹
命書翔龍懽爾子爾孫載德以崇曰鄉之太丘
而家之萬石公

大司徒恭簡公墓誌銘　太原王錫爵

講學自王文成而後辨才縱横名勢煇赫而
其間真儒鉅公處已立朝之行業亦往往有
以是掩者隆萬間講席之盛莫如麻城天臺

耿公余猶及與公先後班行間志意款款相慕善也而恨闇不聞道當吾世而失公追公没之七年公弟中丞君以焦太史狀來徵銘中丞與太史事公在父師間所稱爲德行文學似夫子者也且曰明先王之道而定公之功是在今日余謝不敏竊惟四十年來爲耿氏之學者盈天下表章羽翼則有中丞太史輩在吾姑撮其行業緒餘人所畧而不盡知者紀焉按狀耿之先有諱國寶者從

高皇帝起淮甸其次子必安以功授濟陽衛千戶而長子必順自光山遷麻城遂爲楚人五傳爲鳴南公大振公祖也生公父靜菴公金娶于秦而舉公及仲子定理叔子定力郎令中丞君季子定裕公生而岐嶷有大志嘗侍鳴南公問世間何者最尊累數級至公若卿更問其上鳴南公曰上唯有聖人耳公應聲曰兒當爲聖人鳴南公奇之初爲諸生時麻城令金勿者才而未練事公因試策具陳得

失幾五千言令驚謝眞諸首壬子舉于鄉儕輩頗自眩飾以示得意公佈袍就宴泊如也丙辰以春秋魁南宮授行人司行人已未選雲南道御史時分宜爲相太宰吳鵬阿其意遍賄門公首發鵬姦且語侵執政疏上罷鵬分宜氣亦爲奪辛酉巡按甘肅至蘭州邊境酷寒故事中丞具貂襜襦遂于道而晋菴戴公曰不可以故事待賢者其廉重乎于人如此當是時直指使者出分宜識勞加禮因與

之爲市公若不聞也者第以絲帛杌子侑緘爲陳說古大臣氣甚晰且曰某某可大用而已壬戌改督學南畿廩廩以崇正學廸正道爲己任建崇正書院簡諸髦俊肄習其中身爲師帥焉其所陶鑄不拘一方要以即新發陳蕩邪刊穢併各有所得而止即一切按覈士吏于簿書文藝之外敦風化奬名檢常惓惓焉俗習爲之一變時新鄭相國與徐文貞卻嫉御史齊康詆文貞公爲疏辨邪正消長

甚力

上爲之謫康罷新鄭而無何新鄭復相遂脩舊怨于公時公由御史晉大理左寺丞四年矣竟以舊官謫判横州已新鄭敗以薦起衢州府推官漸歷尚寶司丞至太僕少卿尋擢爲都察院協理僉都御史丁泰淑人憂服除以原職巡撫福建公以父老乞致仕不報静菴公趣公行先是撫閩者劉公堯誨念閩濵海兵弱稍括税督道爲足餉計而罷公尚鵬至

則皆罷之公謂從前則病民從後亦病兵未可補苴目前而止務爲之裒度其宜使兩稱便焉時方田令下所在爲厲公獨倣廣輿圖法區別其壤地高下廣狹之宜條八法下之報完獨先又一官民之則立條鞭之綜括丁糧零雜之數著之片紙使滑胥不得濫征又脩保甲鄉約以聞輯小學新編闡訓禮纂用提誨民佐功令所不及焉時廣寇林道乾訌海上公欲檄東埔諸寨會擒之廉知爾世寶

一銅銃爲我所得乃與之約若以賊首馘與我兵之被虜者來當以銃歸寨酋讙願效死而以金書牙蠟來謝且請通貢公却其餽且曰通貢非典也弗許第上言東埔寨酋震怖天威矢擒賊自效宜及是時羈縻用之蓋自是冦盜徙跡閭里始宴然而報功之日

詔止賜金而已庚辰丁靜菴公憂甲申再起都察院僉都御史俄晉副都時新進者勵鋒氣好搏擊公惜老成之去務宛轉調護之乙酉

晉刑部侍郎丁亥晉南京都察院右都御史
己丑以御史誤論劾撫臣陳公有年徐公元
太周公繼自引過求去有
詔慰留甚切而新進諸臺省遂齕公不佞求去
乃愈力十月晉戶部倉場尚書至是乞休疏
九上矣始得遙先是公爲御史時撫臣論羅
大參汝芳王兵憲道行公疏爲白之時公臺
臣也不嫌與臺長爭異同比身爲臺長用公
義以率屬而卒不勝豈非世道之變耶公歸

隱于天臺山學者稱爲天臺先生府公老且
病矣口誦筆記不厭諄諄士新登仕來謁必
強冠服見之爲言學道治民之不易如是者
又數年而卒時七十有三矣公之學自謂啓
自彭養廉公甫成于仲子公甫以主敬爲的
公曰道在明倫著五倫圖而仲子别有所悟
入一日公與仲論中庸喜怒哀樂未發及上
天之載無聲無臭有省又舉羅文恭靜中養
出光景語仲子仲曰有何光景兄第黙識

此時先景可耳公爽然自失無何舉筵忽悟契文成良知之旨曰一身皆知體也仲曰奚但一身通天地皆知體也兒翁問自相師友故仲李而公有祝予之痛焉公學大都以反身默識爲主以語默動靜示之範圍其于奇邪曲說排斥必嚴蓋公沒而有以不經毀聖之詞上干吏議者公本所爲變色而爭者也今之學者襲口吻易工耳如公出處卓卓無論卽侏儒一節可以覿人狀記公巡甘肅時

受石經之餽途見役喘汗相屬曰此非節用愛人旨耶因解留洛有留經記而其在留都也飯史比部桂芳適秦淑人誕日饌客豐比部拂然起曰富貴移人公俛首謝其後賂史于汝寧語之故史曰爾時若何不言公曰恐以吾不樂聞過而墮言者意耳嗚呼此軼事也然正唯弟子不能學矣葢公沒後抱公遺經爲世名卿及名師者不可勝數吾友瞿元立守黄謂余黄之人有質雅而好脩者不問

知其爲耿公之子弟與其弟子也益公之賢其化民善俗之效易世尚如此而田間怨史乃欲以單詞撼公（公撫閩時諭劾泉州理吏姓者吏嘉禾人乃著永昭信史詆華亭相國極詆公云）其亦能如公何哉公生于嘉靖甲申十月初十日卒于萬曆丙申六月二十一日配彭贈淑人先十秊卒子一汝愚彭淑人出娶彭即公所與其學彭公甫女也女一庶出嫁工部尚書周思敬季子士之復孫二應昌官生應輿亦官生孫女二一嫁尚寶少

卿周弘綸叔子應綸二一未許聘公計于朝

上震悼予祭二壇遣行人劉一焜治葬追贈太

子少保諡恭簡以　年　月　日葬于

佛山銘曰

聖湮遠言波瀾言道易守道難宦學敝道守

格或尼之不終日道則存守郎亡面目似心

短長俁俁耿公守常德體仁秉忠識以默溫

恭不懈奉厥職乃模乃範天下式江河湯湯

世變[illegible]之覆為敵合沙縱橫影可射

嗚呼斯民有遺直不知其言視其則

仁覺居士楚空公傳　温陵李　贄

先生諱定理字子庸別號楚空諸學士所稱八先生是也諸學士咸知有八先生先生而不自知也而此稱楚空先生傳何也夫傳者所以傳也先生而不待傳而此復爲傳以傳之又何也蓋先生而不待傳而余實不容不爲先生傳者按先生有德不耀是不欲耀其德也有才無官是不欲官其才也不耀德斯

成大德矣不用才始稱真才矣又烏能爲先生傳乎且先生始終以學道爲事者也雖學道人亦不見其有學道之處故終日口不論道然目擊而道斯存也所謂雖不濕衣時時有潤者也莊純夫曾告我曰八先生云吾始事方湛一湛一本不知學而好虛名故去之最後得一切平實之旨于太湖復能收視返聽得黑漆無入無門之旨于心隱乃始充然自足深信而不復疑也唯世人莫可告語

者故遂終身不談唯與吾兄天臺先生講論于家庭之間而已故亦遂以天臺爲師天臺亦自謂吾之問學雖有所契然賴吾八弟之力爲多子庸嘗問天臺云學庸語孟雖同是論學之書未審何語最切天臺云聖人人倫之至一語最切子庸謂終不若未發之中之一言也余嘗時聞之似若兩件然者夫人倫之至即未發之中苟不知未發之中則又安能至乎蓋道至于中斯至矣故曰中庸其至

矣乎又曰無聲無臭至矣歲壬申楚空遊自下余時懵然無知而好談說先生默默無言但問余曰學貴自信故曰吾斯之未能信又怕自是故又曰自以爲是不可與入堯舜之道試看自信與自是有何分別余時驟應之曰自以爲是故不可與入堯舜之道不自以爲是亦不可與入堯舜之道楚空遂大咲而別蓋深喜余之終可入道也余自是而後思念楚空不置又以未得見天臺爲憾丁丑入

滇道經圜風遂舍舟登岸直抵黃安見楚空并睹天臺便有棄官留住之意楚空見余蕭然勸余復入余乃留吾女并吾婿莊純夫于黃安而因與之約曰待吾三年滿收拾得正四品祿俸歸來為居食計即與先生同登斯岸矣楚空牢記吾言教戒純夫學道甚緊吾女吾婿天臺先生亦一以己女己婿視之矣嗟嗟予敢一日而忘天臺之恩乎既三年余果來歸奈之何聚首未數載天臺即有

内召楚空亦遂終天也既已戚戚無懽而天臺先生亦終守定人倫之至一語在心時時恐余有遺棄之病余亦守定未發之中一言恐天臺或未窺物始未察倫物之原故往來論辯未有休時遂成持格直至今日耳今幸天誘我衷使予舍去未發之中而天臺亦遂頓忘人倫之至乃知學問之道兩相舍則兩相從兩相守則兩相病勢固然也兩舍則兩忘兩忘則渾然一體無復事矣余是以不避老

不畏寒直走黄安會天臺于山中天臺聞予至亦遂喜之若狂志同道合豈偶然耶然使楚空先生而在則片言可以折獄一言可以回天又何至苦余十有餘年彼此不化而後乃覺耶設使未十年而余遂死余終可以不化耶余終可以不與天臺合耶故至次日遂同其子汝念往拜先生之墓而先生之墓木拱矣余既痛九原之不可作故特為此傳而連書三紙以貽之第一紙以呈天臺志余喜

也第二繇付汝念汝思使告而焚之先生之墳志余憾也第三繇特寄子健于京志余喜而且憾憾而又喜也蓋子健推愛兄之心以及我可謂無所不至矣故爲傳傳余意以告先生云

司馬叔臺公墓誌銘　　福唐葉向高

自嘉隆來士大夫以理學名者楚則二耿先生伯曰恭簡公天臺叔曰叔臺恭簡公余僅一再晤叔臺公則其事略曾八九載無日不

相見見必歡然晤語移時余素不講學然公甚喜余每告人曰見某人使人心和氣舒始冬日之日也余甚愧其意其後余入綸扉而公逝值朝紳紛紜爲朔洛之爭余每嘆安得有公在以風之公存心厚而持論恕口不言人短在南中日久絶無一毫滯澀之感稍見于辭色余嘗許公爲乱恬真平使世人皆如公天下平平無事矣公没十餘年已葬厥嗣存康君始以門人[illegible]知[illegible]君之狀來乞銘余

知公高足翁子也其言文而覈余得撫其大志之公諱定力字子健別號叔臺故世稱叔臺先生先世有國寶者當洪武間以功授濟陽千戶長子必順卜居麻城之太平里嘉靖末郎里爲邑名黄安而當公之舉于鄉猶稱麻城人自必順五傳至大振大振生金娶秦淑人生四子恭簡爲刑部左侍郎贈祖父如其官公初誕秦淑人病欲弗舉時仲子定理方七歲哭曰兄有我我奈何無弟淑人曰無

衣也仲子解衣覆之乃舉少從恭簡廩業恭
簡舉于鄉遊南雍挾公與俱恭簡成進士公
始為諸生迨督南畿學公復從之南畿師事
史公桂芳友楊公希淳焦公竑吳公自新皆
以學問相砥礪吾郡吳襄惠公督楚學拔居
異等是歲為嘉靖甲子當大比襄惠每告人
耿生必捷果如其言乙丑下第復之金陵恭
簡師道嚴公涉以溫和門弟子益親戊辰當
赴春官以恭簡遷廷尉過里留侍依依不果

行至辛未乃第、
廷對李文定公欲置之鼎甲而高文襄公嫌其
筆畫直抑居二甲除工部屯田司主事江陵
相國公座師也又先曾執贄故獨加嫉將其
後公見江陵權盛遂深自引避所貿信惟房
師王文肅公及同季鄧公文潔張公元忭鄒
公德涵在工部滿考踰歲晉刑部員外郎丁
泰淑人艱起復除兵部武選司員外晉車駕
郎中所居官咸遷

功令奉職有聲屬劉御史臺劾江陵鄉公方僉事河南江陵疑之曰疏僉事筆也直指將阿意劾僉事公力懇應城李司空移書爲解直指以其書上江陵僉事竟不免李江陵姻也亦罷去公出爲台州知府以外艱歸復除咸都府恭簡澁語公吾先世隱約澤未及人第能爲三十城造命乃可慨逝者公頓首敬受教抵任即爲檄盟諸僚屬謂吾輩精神通則宥小遠而下民受福郡賦役無書公躊得列

行之數賞盡寔方田之役尤較倣恭儀所行于閩者條以從事民甚便之蜀最苦採木公議勤大衆毋鬻其貲任長吏毋縶其足豫採採分夷險布恩信明賞罰使商夷樂趨操縱在手乃可集事當事悉從之又念收木西難豫請令曹須式于商人及木至皆中程吏不得要索所省無算蜀民賴公得全其軀命不可勝計已乃新學宮表章趙文肅大儒禁民素冠違者罰使捕蝗蝗盡而民不擾先後直

景賢

指被胠篋公視其穴自內出曰此必庖人也捕治果伏辜有夫抶其婦死論抵爰書具謂婦詈夫爲獸夫訴云彼詈我爲獸所生耳公爲續二字于牘而出之蓋詈姑則于律應死也人許以治平爲天下第一

賜宴返郡值征松州諸番以轉餉功

賜賚鏹在蜀五載晉按察副使督閩學下車即頒楊羅李朱諸大儒微言以訓士錄蔡文莊陳布衣昔畜示風向至校藝則隨士子所長

不執一指。嘗曰：文之不同，有如其面，吾面澤欲人盡澤，吾面癯欲人盡癯，可乎？夫不離耳目口鼻，而妍媸在丰神氣骨間，此吾之所以相士也。故每試凡居前茅者，無非名士。自辛卯至今，以巍科高第列館閣臺省卿寺藩臬郡邑，蜚聲展采，率皆公所識拔。得士之盛，爲從來學使者第一。其延接諸生，春風藹然，隨才陶鑄，各極其詣。且一一許其行品官位，如持左券，無不驗者。轉河南參政，當大計，冢宰

陛莊簡公署其考曰清畏人知貞不絕俗請
于
朝褒異之尋擢太常少卿引疾侍恭簡于家踰
季起守故官隨晉右通政徙左以
諭祭襄藩過里值恭簡喪還
朝以三殿災上疏自劾語多規切不報者久之
執政修郄于焦公以公爲黨滯卿寺者六季
執政去乃擢南僉都御史督操江瀕發語忝
知君操江以江爲職而事權分屬他曹所轄

地千五百里備兵使者五非内外同心云塹
未易固也又日權使流毒人心洶洶兵食之
計不可不豫王文成譚襄敏以民兵平寇伍
司馬守吉安孜孜積貯卒藉以誅逆藩今之
有司誰慮及此者既受事即疏言五防五便
其大指言權使罔利斂及竃丁擔夫織内
羣不逞可慮而欲專責治兵使者練民兵儲
餉如王文成伍吉安故事亡何有上新河之
變賴公成畫璫黨去根本不搖已復上疏極

言中使之害謂臣兄弟叨仕版蒙恩一世臣季六十有子及孫竊憐愛之願其世世受廛明經爲太平之民彼璫輩無門祚身名之恤豈復爲國家計深遠語甚切至又勸
上時閱通鑑纂要見歷代盛衰之故皆不報又屢疏乞休不允歲壬寅以九載考績晉右副都御史仍舊任僉都之滿三考而爲副自公始也公雖職操江而攝臺之日久又時兼攝他曹所建白皆關曹事大寫款會乙巳當內計

公與太宰士吉水曾公爲政于南，而余佐晋銓預焉。曾公寬然長者，惟恐枉人，考功徐君欲有所黜，争論至動色。公意主曾公，然亦謂考功議是，兩爲譬解，余復從臾之，故是役也，人以爲衷。其季晋兵部右侍郎，仍南，所省歲供錢及贖鍰且數千金，盡晋畀代者爲修署鑿河費。時餘姚孫公亦自南臺長遷晋樞，先後兩署，皆同寅，甚相得。然孫公氣勁而冷，在諸公間多斷斷，公爲曲暢而默劑之，所裨益甚多妖人劉天緒發難騷動陪京元兇已就擒孫公窮搜其黨六七十人用三木囊之通衢以次就戮公請于孫公曰玉石難分訾語未實盍少緩之孫公不謂然公嘆曰孫公其不免乎已而臺省果有言公以三品滿出留都卿大夫祖餞公急行後孫公且愈孫力爲諸公言其赤心任事至以百口保之亡何孫公亦竟去都下縉紳方望公來而公感慨于世事人情之日非有浩然之意中途上章乞

骸骨墳之病沒中外聞之莫不悽悼所司請
䘏贈南京戶部尚書予祭葬侯會議易公名公
生平學問以求仁爲宗以與人爲善爲真體
方計偕與周公思敬俱語及會吏周公曰吾
儕其免夫公曰未也必以吾儕之不會易天
下之會周公以爲難公曰眞哭衆悲眞笑衆
愉吾儕患不會眞耳何患人心不同然乎
在蜀視僚屬如兄弟手足即卑官小吏亦肫
肫戒勗曰吾不欲願汝清吾不刻願汝平吾

不惰，願汝勤；吾不欺，願汝信。過不當意，輒引以自責。嘗自命曰：吾無他長，惟擇人而任，與元元相安而已。蜀人感公之德，莫不願化，而入閩須學約有此邦多才，亦爲弊藪語恭簡規之曰：即此仁脉未周流矣。公爲僕然，故其教不肅而成，深得默識不厭不倦之真脉。在蜀都值前此講學者以門户相競，一時卿大夫多賢者，稍創前事。公亦不欲攙皐比自表異，然其一段春風和氣，盎然溢于眉目，足以渭入鄙吝，袪其畛域，畦町以歸于大同。文有非言論講説所能及者，故終公在事而仕宦者咸以畱都爲樂國，以平時嘐嘐必出世，然後能經世，至晚歲益平實，曰：成己不能成物，明德不能新民，皆不及求諸己之過耳。諸生筮仕，每戒之曰：令受民牧者，輙以事上官、禮過客、待巨室爲慮，齒不及生民之利病，其樹立可知。或問：如此則應酬皆可廢乎？公曰：非也。吾一日坐堂皇，懷惕惕然，無論事上使下迎賓燕衆俱在一團和氣中、卽對盜賊亦無遷怒、吾懷抱不佳、卽亦[illegible]公矣、[illegible]而後宜民人、樂只而後稱父母、不[illegible]治[illegible]體而他求乎哉、王文肅嘗稱公[illegible]論[illegible]北司植黨之害、公報書謂縉紳先生容不能底豫其親、而細人孺子或能以單詞感悟焉、縉紳先生容不能式穀其子、而田夫野老或能以細行傳家、何也、彼名[illegible]禮教之心重、而此之眞誠獨至也、故大臣而積誠何所不孚、文聞得之大喜曰如此足破衆人調停之弊矣、其善于論事理切近人情、使聽者豁然多此類也、所為學雖得之恭簡與其仲兄然伯沉毅仲高明公兼而有之至于貞修實倍超然解脫、所自得尤多、其教人每于問答中因其機緣一二語點破莫不欣躍、所成就人才徧于四方、而吾閩其尤盛者、終身于人未嘗有憤恚、即非意相干、亦處之恬然或問量可學乎曰可禪家有祖父坎有奴僕坎今之犯而

景賢

校者皆以奴僕自處而以祖父讓人者也嘗
自署曰何思何慮不黨不爭言揚惡隱衆愛
仁親嗚乎公之自知審矣其生爲嘉靖辛丑
季正月十四日終于萬曆丁未季十一月二
十一日金陵人合祀公于恭簡閭志名宦楚
祀鄉賢而蜀有專祠與文翁並配朱氏封恭
人男汝忞即孝廉能世其家娶周參政思稷
女女一適周司徒思敬子之衍孫女二一莛爲
萬曆己酉季十一月廿五日葬在鐵山公嘗

與余論本朝輔臣功業余曰無如楊新都也
新都當正嘉間誅逆豎安反側輯寧中外以
俟承祧之
聖王真有社稷功獨其議禮與永嘉左然而爲
永嘉易爲新都難矣公擊節稱善其告發卿
亦以南陽長沙新都有旋轉之力未可深求
且曰泰山之高人皆知仰滄海之大且深也
非望洋者所能盡識嗟夫世之不以泰山自
標而能藏納如滄海者幾何人哉此公之所

以自喻而余之所以慕公歟銘曰

世儒言學分道而馳惟我耿公唱壎和篪黙識求仁萬物一視何異何同無我無彼我自爲善厥施幾何人皆爲善甚及則多人爲泰山我爲滄海細流不擇萬派斯滙泱泱錦水流澤無疆爰及海國洙泗源長維彼舊都拴于南服

帝遣公來以王百谷十載不遷公不謂淹世方浪駭公獨波恬瑞日祥雲和風甘雨不貝不

方自規自矩凡公所至疵沴不生豈有異術元氣薰蒸或從公遊惝然自失無待詔言道存目擊漢惟叔度宋則伯淳悠悠千載幾見若人黄壤既歸頹波孰挽風範如存昭兹琰琬

題克明詩稿

秣陵焦竑

克明余師耿恭簡公之冢子也垂髫與余同筆研黄郡雖有名而荒遠阻絶士知爲制義以干進而已絶不知字學與韻語克明乃魁

意于是今所著韻會類編與江汝礪稿是已克明與余所倡和甚多而皆不載則其所遺落可勝言哉克明英敏好奇避人之所趨攻人之所不為往往如此萬曆壬午江陵勢傾一時楚闈中因得各樹其所私監臨為恭簡公所取士欲得克明甚亟克明知其意因避不入人頗以高克明克明不以屑意也克明秊甚少即貢于南宮一試不復出嗟乎克明之才藉令典册而施朝廷弦歌而薦宗廟孰

不曰宜而自放于山砠水涯至追田野淪落之士而與之爲偶亦足悲已雖然克明即不得大展于時而園廬多暇樽俎在前琴奕送進欣然自得悠然遐想從容燕樂以敦故舊夙昔之好講解誦說以垂後進無窮之聞固未爲不遇也克明兄弟多逸才科第方日盛而未艾編中所言兄弟五六人高廣跨一世業自遺之矣汝忞孝廉閔克明之殁梓是編以永之而屬余引其端

克明公墓誌銘　石倉曹學佺

吾師黃安耿氏多鉅公偉人，然其父子昆弟間亦互相爲師友。予師叔臺先生位至司馬，既貴且老，每稱恭簡公爲先師。恭簡公督學南畿，其元子克明君汝愚同司馬公肄業署中，所與交游爲海内名士，如楊道南公希淳、焦太史竑、吳司寇公自新、管僉憲公志道、唐奉常公寉徵、潘符卿公士藻、閻觀察公士選，皆樂志同學，觀摩爲善，罔徙解悅薰歷以取世資而已克明齒少于司馬公七歲而心師之其于道南先生則嚴事之楊故海負淵涵唐荆川先生呼爲小友著也君居恒誦讀六經左馬莊騷先秦兩漢開元大曆以上諸有韻之書迨宋歐蘇及本朝楊用修王元美集攻六書之源遡其點畫象形所自始正四聲之譌舉凡獨用通用陰陽全半之變壹稟說文韻會與趙古則所纂注而間出已見超然意表故焦公弱侯謂克明之學英敏

好奇往往避人之所趨攻人之所不爲以彼其才藉令典冊而施諸　朝廷紘猷而薦諸宗廟其誰曰不宜而乃自放于山砠水涯至追田野淪落之士而與之爲偶亦足悲已太史之言如此然予按君之生平履歷亦不爲不遇卽不欲詭遇以終其身亦君平棄世并世棄君平也蓋君之年十七爲督學吳襄惠公所識拔入泮自是屢試輒冠軍食餼于庠年三十一爲陳霽岩公首選澤宮醮之曰以子

才無論在畿在楚俱必脫穎去顧多此一番馳驅矣　廷試禮部吏部皆第一例授州牧君不屑辭歸歲壬午楚闈鉞直指秀峰爲恭簡公門下士兩浠川令閭立晉分較則闈署中與君同筆硏者也君預避嫌仍就幾試是科楚錄爲江陵所波及註誤不少人始服其識操云戊子蔡青門學使絲克明名亦思决一戰爲焚舟計先赴縣中冉撤以遏其意蔡公答云嘗即如命但須來見未有遙授理

君乃仰天長嘆曰吾不能早致青雲今年且
强仕欲向人折腰長跽覓一觀場地耶窮達
有命見之何爲竟不往君從此遂無意于場
屋矣然君生平骯髒不寧惟是君初應辟雍
時宮詹徐公簡菴實 恭簡公門人聞之請
其邸館君未出先遣人從門中議禮云先生
固虛席宗伯者也太學生詣禮部于堂上分
宜蒲伏摳跽宮詹以世誼先謁太學于私第
惟講均禮徐公領之君謙甞見卒備賓主而

退高邑趙儕鶴公與君爲爾汝交趙司理汝
上君徃還　京師必造之劇飲數日而別趙
甞曰余與公輩素心人飲葛巾燕服自宵達
曙不倦余新製一紗衫每與俗客酧酢着此
衣飲不數巡輙罷耳一日克明以病酒辭趙
强之不得嘲曰公欲我着紗衫耶趙還去隔
十餘載君因便羽寄以詩云一自天中酣別
後逢人幾得不紗衫趙得詩嗟歎久之南冢
宰陸莊簡公與　恭簡同官密邇甚才克明

一日謂曰公國器也予旦暮北遷當來謁選可一破格相處君佯唯唯退而語人曰陸公其人金玉也其言糞土也自是不復見君子學無所不窺而于下士一言半字有當輒獎借不啻口出于人無所不合而俗子貴人求一識面而不可得性好山水置一舴艋往來邏江園鎮間號曰一刀居士嘗云入言有路莫登舟我則不然有舟不問路又以酒壇江社沈湎不休自號爲高陽伯氏云陳芝田刺

史善月旦評謂克明趣操癖處甚多吾儕平居論品故當以癖者爲上然君癖則癖矣而壹歸之正君性不佞佛亦不喜作佛事其過唐李翰林宋蘇學士祠必具衣冠瞻禮家居端坐左圖右史妻妾子姓相對如賓每傷古禮頹廢乃捐置家廟冠昏喪祭依宗子法酌衷于家禮明禮而行之永著爲式鄉人爭相效法焉城南五十里有吳招撫公琳墓已丑大祲吳有遺産數頃君度其子孫不能守欲

售之他姓于是亟貸以穀數百斛逮歲穰召其人取原值擲券還之乃諭之曰君先人為開　國元勳豈可無升斗之田以供祭稅本所以貸為君今日取償地耳某子甲者偪處君壁狠如羊貪如狼一入其手則以石投水矣其人誦讇無窮云君大父通議公卒逾年未葬適有友人與君仲父善卜一牛眠地託為貿之君仲父觀畢恍其形勢蜿蜒不禁憚悇遂自為也歸與　恭簡公曰是不可以空

通議耶　恭簡有難色　君仲父曰此爲自家父母事非他可遜讓比　恭簡公不得已從之及至葬克明送出郭于輛前稽顙曰兒送祖父止此矣不忍履其地也遂不往　恭簡公講學邑人無少長賢愚從游者如市君云士農工商各有其職如此游說無根廢時失事曷歸務本業絕不與周旋逌　恭簡沒後諸從學之貧窶者亦稍養諸家塾而時賑卹之說者以爲善承先志始若相背而究乃相

成也君之婷節雅量不能殫述而論其大者如此君雖莊行而殊善謔如豫章劉石閭公以大行奉　諭恭簡公祭葬事竣餞之郊地名桃花劉公曰不言村舍而秖言桃花何故君曰即如貴郡之有樟樹也馬伯時本回紇人誅茅五雲山中門徑窈窕且數變更人罕至者君往訪之誤繇舊蹊沾荆棘中伯時呼之使出君應聲曰可謂茬中道而改路矣君勿論雅言不經意即其爲詩與文亦若追而

後起皆爲情至之語如哭其弟貞甫孝廉詩二十首援筆立就情文相生惡夫涕之無從也君嘗抵于閩愛其風景娟麗每語人云吾寧爲武夷山下候卒勝作良鄉縣尹人問其畧君曰候卒在山水鄉但閩過往達官騶從有鼓吹聲乃出迎聲盡則止歸憩鋪舍中啜苦茗陶然鼾睡何似尹良鄉者終日持手板伏謁車塵馬足哉又云世人哆談神仙遇評文者類以謫仙爲言皆窾語耳其寔詞藻一

事正夲許仙人占籍其中攷古文詞除東方曼倩一二叓無足紀而唐人所載游仙詩率皆音調之卑猥者可見導引吐納以及棋劒諸末術尚容此輩拈弄伎倆至于千秋大業何得輕以假人君玉立脩頎清如瘦鶴望之固若神仙中人也陶弘景云世上無不學神仙其是之謂乎君雖脱畧世故然倫齋天性精巧致物一襜褕動至十數年不易凡一爪一髮童時所用破冠敝屣穿簟退筆之數悉

恭簡公畜其女于家陋而寡髮君不以爲嫌而伉儷彌篤人以爲難丈夫子二長應昌黄氏出次應輿萬氏出俱以官生授主政贈嫡母與生母爲安人而君則贈承德郎云應輿不幸近夭應昌以戸部司屬建言劾魏璫濱九死回家是善守其家法而君在九原尤凜凜有生氣矣女二一嫁尚寶周弘禴子應嵛建平令贈安人彭氏出一嫁韓邦雅庠生側室李氏出孫三遴宗應昌出超宗起宗俱應

與出君所著作甚夥散佚不存識者痛之乃從負攲蟫斷中摟有韻會類編耿氏春秋自嬉篇自怡篇江波社集四六尺牘二草烏光傳蠹魚攻數變蓋僅什一于千百云應昌將以其年月日葬于某山之陽其從弟孝廉克勵詮其行實告之同志者克勵予師子也

曾子曰去歲耿克勵遊閩與予班荊道故不勝山陽之感而以其兄克明墓銘屬予謂其兄奇士也必有奇文志之以闡幽光予不獲

覽因覽克勵狀而慨然有古人之思焉克勵舉孝廉時當上省謁主試事者循例而索騎于縣中克明正色曰吾鄉孝廉風格淪喪盡矣欲挽頹波自今日始顧可效里中兒稱出于橐便揚揚得志乎克勵媿服其言自辨途資竭蹷而徃蓋終身誦之矣予謂耿氏之偉人君子其父子昆弟互相爲師友者以此謹爲之銘銘曰道于中行不得而與狂狷之徒亦思其次君類于狂其實爲狷去道日近去

俗日遠謂君不仕惟孝君陳友于兄弟是亦爲政謂君不講學之憂乎躬行有得復何求乎君善戲謔而不爲虐聞之解頤超超著君之屬詞必本于情不求其文而文自生宇宙不磨惟此奇氣君之上天騎箕與尾狀君實者克勵叔氏銘君石者曹生能始于老而衰旣愧吾師復媿茲役文穢不治噫他日嘗過君之墓而下拜勿辭以宿草之離離斯足以遂吾向往之私

勿幕泉

余邑新造城中井少民病汲余舍前鑿井三十尺許繼日夜漸積水止可十數斛而居隣争汲者如堵至不能朝夕家人不得已設幕以防私竊余覘之恚曰孟子云昏暮叩門户求水火無弗與者奈何若此隘者耶維是厚直鳩工重浚之又十五尺許忽土變而沙沙盡水湧墳之涔集廿尺又五盖始及泉云爰命工繕甓甓成戒勿設幕令同巷人人得取

焉弟與約曰日之朝男子汲日之夕婦女汲不如約者罰示別也而金陵楊生道南適觀其成請名曰勿幕泉余曰善蓋余於鑿井而益悟於易矣余玩易之井而益有悟於學矣無地無泉井不及泉浚未力也無學無得學鮮自得造未深也斯旨也易之井備矣初井泥志襍也故不食二井谷雖得微矣故止射鮒三渫矣可用汲矣弗甃猶弗固也得無咎耶四甃矣五洌且寒矣上六始可勿幕適之

人人也子曰井德之地也深哉深哉銘曰玄之淵淵出之涓涓爾覩爾泉忽言韋絹萬曆甲戌天臺山人識天臺山人姓耿名定向偕二弟若子志於道久矣是記蓋觸於井而言學也辭近旨遠可以裨易可以廣教有道之章也余重千里之託爲之遴工鐫石因嘆曰天下之井不及泉者罕矣吾人之學不及泉則衆也知止若及泉則心源自見澄心若止水則性眞自復學豈耿子所獨哉請從斯

記而相與共勉之雍韓張士佩菁汀　泰山
頹矣梁木壞矣喆人萎矣勿幕泉閉矣并銘
之石不知所在矣及昌年六十有七送衛弟
歸葬偶見之于村舍詢知爲衛藏之久矣今
其子宗壎爲衛作墓門昌幸文字如故但昔
掩封泥耳遂録其文以存不朽云　時
順治庚子冬冢孫應昌識

專祠講會序

曹本榮

嘉隆間耿天臺先生倡理學於吾楚首提明德以不容已爲宗當是時稱大儒者必曰黄安黄安云本榮少聞長老言心輒向往之求其遺書邈不可得蓋時之不復講學也久矣迨官京師乃得睹先生書反覆紬繹於是知先生之學之淳且正也因時時及諸同志相與稱先生會先生同邑鍾君秀王成進士造而請曰吾邑自耿先生倡學迄今有年矣向

者里人薰其德請於上得專祠每歲春秋祗虔厥事諸生講習於其側今其裔孫公府篤行能世其家將復修明先代之業公其一言以爲矜式乎於是不佞嘉黄之有賢士大夫而樂先生賢者之有後也重爲告曰夫學有本而爲學有要舍其本而末是圖如不培其根而求其暢茂也不可得已且學者亦知明德之旨乎明德者心之虚靈不昧具衆理而應萬事存於中則爲五常之性體所以立也

發於外則爲四端之情用所以行也故塗之人見父則能孝焉見兄則能弟焉非有所作而致之也由中達外不期然而然矣及氣拘物蔽或不能勝其後起之私然本心之明有不容抑遏者固未嘗不惻然盡然也故曰不容已也後之學者不咎昏氣惡習之有時而疑本性本心之不足支離纖繞務華絕根如拾潭月之影而桂諸枝如競雕繪之花而綴諸樹又其甚者滅情毀性習爲猖狂自恣之

行塗徑雖殊其爲不知本則一而已故夫惟精惟一者堯舜禹之相授受也敬敷五教者司徒之所以明倫也其原出于天命之初而其實見於家國天下之際人孰無心道不外索先生明德不容已之旨其在斯乎抑古人有言道不可以不明而學不可以不講故下殖將落閔子馬之所以譏周也不毀鄉校子産之所以賴鄭也世之治也其比閭族黨皆有學其農夫細民皆知學耳目乃禮樂之原

灑掃即精義之用故比屋皆可封也自俗流失而世敗壞微言大義升降揖讓或爲世厲禁焉吁可慨已今黃之士大夫能習其鄉先生之教而賢者之後又能不見異而遷吾知其俗必勉爲忠厚而人將恥爲浮薄也然則黃之學者回翔俎豆非君子求先正遺書之類其發明本心力行孝弟當有不俟家至而戶諭者而不俟敬止維桑且將拜先生之衣冠於祠下由是獲覩教化之成而樂觀人文

之美其在此也夫其在此也夫

順治玖年六月庚戌日

耿公祠會講序

王紫祥

聞之古人之為學也必有常師有常師則其道尊古人之為教也必有常所有常所則其心安此大學小學之設所以化民成俗養育人材者大約始於為士終於為聖教學有相長之功而國家收樹人之報也後世學宮雖設名存實亡求所謂胡安定海忠介者亦鮮

其人雖有善子弟不過誦帖括取科第而已
聖學蓁蕪而廉恥道喪人心奇邪而政治頹
僻已如江河之日下而不可追矣余茲於黃
安専祠會講一事而重有感焉往者天臺先
生督學於吳建崇正書院聚所屬髦士而躬
教之迄今講義語録與人奉如蓍蔡余向讀
其書慨慕其爲人未嘗不三致嘆於聖人之
可學而至也夫先生爲兒童時即志學聖人
而其後卒如所志不由師傳默契理與非所

謂豪傑之士耶今諸生登先生之堂入先生
之室睹先生之容貌與其車服禮器私淑先
生以爲師朔望渇羣萃而聚講焉聞正言見
正事而又有鄉先達與學博士暨其後人之
賢者耳提而面命之較之先生之時其成材
也更易易矣雖古者大小學之盛何以加兹
目今約法既立期會既明余又何必贅辭則
請以數言志勸爰進諸生而詔之曰爾諸生
扵大學小學亦既童而習之長而講貫不輟

是程朱諸夫子內聖外王之旨窮理居敬之要約畧備於此矣所患志之不堅講之不力或失則怠於是有半途而廢者或失則僞於是有金玉其外敗絮其中者雖得之必失之矣余願諸生一以先生爲師志先生之所志學先生之所學勿以虀塩易心勿以富貴改操亦如先生之願學聖人而後已焉黃邑一隅且將爲世儒宗余其拭目以觀厥成爾多士其勉之毋忽

景賢

順治拾陸年九月重九前一日

湖北督學僉事王發祥撰

在刑言刑　　　　　耿應昌

刑部陝西清吏司主事加服俸一級臣耿應昌謹　奏爲　龍飛御極　至德難逢敬獻刑官一得之愚以廣　聖主如天之澤事臣切惟古之　至聖極神必稱堯舜而尼父贊之則曰蕩蕩無能名非不欲名實有不能名者蓋舉所謂　聖神文武僅摹擬之而終不足盡其變化遊于覆載之内遂不覺望洋而嘆耳臣比來見　皇上處置魏忠賢及崔呈

秀等始而量同天地若不欲驟拂　先帝之心既而迅若風霆正所以善述　先帝之事舉七年盤據之神奸千古肘腋之大蠹羽翼已成根株難拔者一旦而去之如孤豚腐鼠非特　九廟有靈實係　一心獨斷且所以處置者又不先不後不緩不急使其有口而不能噬有爪而不及攫宻勿之上剛柔兢絿之刼小臣已不能贊一詞矣而又見比來九邊盡撤内璫權歸督府臣益加額而祝曰

天子萬年蕩蕩難名哉益彰著神堯之誅鯀必
待于虞聖之繼而張文忠予敬之撤鎮守也
亦在加靖十年今　皇上御極纔兩月耳而
作用已如此矣以今視昔不啻過之　君德
至此遂爲第一君德相業至此遂爲第一相
業臣雖起家蔭胄而先臣曾以立官侍　聖
主臣佩服先訓遭際　聖朝切思以塵露之
微卿裨滄海以螢火之光上濟　日月然亦
在刑言刑絕不敢旁及一語列爲四款惟

皇上垂聽焉一日釋繫臣與其殺不辜寧失
不經此千古聖神祈天永命之道近年以來
自魏忠賢弄權摧折縉紳而累 朝培植之
冠裳且不如戮畚僨帥矣是今囹圄中繫纍
多人臣昨視事提牢目擊情形之慘細叅招
案蓋逾縲絏之究遍來蒙 皇恩詔釋重囚
幾二百人而諸臣猶未沾曠蕩無非俟于威
壓匣于避嫌耳昨臣堂官請 旨擬釋有五
人焉真幽谷生春長安歡聲雷動矣臣得復

以五人究狀爲　皇上細陳之如原任遼化道耿如杞才望素彰當邊事擾攘之時而先帝擢以重地冀必有當于疆埸而以不申建祠不迎塑像遂捏扣糧彌月遽擬重辟豈兵道而有監守乎此道臣李應薦疏爲戲枉而臣　堂官所以請釋于　皇上者也如原任薊州道胡士容夙負節鉞之才且爲賢勞之首惟其治臨呈秀之鄉而呈秀之宗族門客無不撓法瀆請而士容絕之呈秀徑捏驛擾驛

遞侵欺錢糧之條遠而重墨夫監司而有錢糧之責乎此國道臣李應薦疏爲虧枉而臣掌官所以請釋乎 皇上者也如原任御史方震孺巡按河西不能調停經撫不爲無過然法司之招不云乎震孺但能口言之耳能代經撫而身爲之耶當大璫梟瀛之時 中旨三駁而法司三爭震孺之案既明矣忠賢深求羅織即坐震孺以逃而且非逃律古今有無律之罪乎況前任之御史毫未損其偉

望而嗣如震孺便幾殺身故科臣霍維華之
疏以爲定論而視師尚書張鶴鳴原劾之疏
並俱黨震孺者乎此臣堂官所以請釋于
皇上者也如原任大理少卿惠世揚者狂妄多
事自中無人充皆自取而臣細閲世揚招詳
交通之事原無實証如世揚而以交通論死
則今之爲權勢所追而譽魏忠賢者亦多矣
法可緊加乎即或世揚之罪與孫愼行趙南
星等同頃者南星等已蒙恩詔遂首丘矣

而徑欲獨殺世揚耶此臣堂官所以請釋于
皇上者也又如原任戶部主事李桂明倉差半
載萬里孤踪止因爲惠世揚門生當世揚爲
忠賢入逮春明桂明以師生之誼羞長班一
帖迎因師于宣武門外偵事件者聞之忠賢
而捃摭監守之律坐之不亦冤乎此臣堂官
所以請釋于　皇上者也臣擲五臣之冤而
請釋累臣亦所以信　恩詔也伏候　聖裁
一日尊法律古云讀書萬卷不讀律致君堯

舜終無術則律也者固　聖君賢相所以平
治天下而畫一守之者也況　高皇律令損
益百王尤爲千古定案　聖子神孫所宜世
守者舊年因王恭厰之變　先帝勑諭有云
以後子孫求不許下從重之旨著爲令大哉
王言與　高皇媲美矣而竟爲忠賢所阻抑不
一月而從重如故于是圜土之中有閒重罪
而無律者有不用律而任意一加再加者以
快忠賢之意則可耳遠何以服天下萬世近

何以服被罪者之心乎今後似當盡洗陋規
惟律是守查諸累有與律不合而為忠賢所
意加者盡赦之是亦廣　皇仁而遵　祖制
也伏候　睿裁一自重詔獄鎮撫司係　朝
廷詔獄原不輕用前朝縉紳下詔獄者即罪
所當懲尚有優待之意自忠賢用事非鎮撫
司滕朧殺人不足以快其意而掌北司許顯
純者則忠賢義子也其所誅殺一服忠賢之
旨而士紳之命始犬豕不如矣殺之未已也

又支解其體故淹留其屍即奉有至親領埋之旨而殘骸業已寸碎嗟夫此誰非　皇上之臣子而荼毒若是語及至此天地傷心且贓銀動至千萬正數已不能完而顯純又加三而徵收今此贓諸臣現在刑部可問也伏乞　聖明洞照北司之爲鬼窟一切事情俱無輕付詔獄亦所以廣　皇仁也伏候　聖裁一日禁告密今當堯舜之世風聞言事有臺省諸臣矣廵緝禁旅有京營科道矣申理

究枉有五城御史及法司矣，用告密何爲，而忠賢之爲此者，蓋亦知自已攬權殺人，恐人心不服，所謂膽虛也，故借告密之舉，動輒制人以危法，不曰妖言，則曰咀呪，無貴無賤，呼爲祖爺，而閨門牀笫之間俱不得安其性命矣。且也各衙門中火長公然說事，見之者奉有不色變者也。今忠賢既已正法，則弊政亦當立革，番役事件似當永杜，且瑣細褻瀆之事何足塵　天聽也。伏候　聖裁。以上四款

平平無奇然天下之事期于平而已矣至如
原任參將胡維寧舊當邊事亂爲波及之時
而維寧獨超免于評論之外止因忠賢坐派
游士任賍銀苛至巨萬維寧奮烈士之槩一
肩替死今絶產敲髓而未暢忠賢之私且雙
盲錮疾已奉 恩詔比之逵奇勳實承武猶
可原也若刑曹之應罪合律者不過二三而
舍冤無律者十有八九臣不能盡爲 皇上
陳之并祈 聖明萬幾之暇置重囚刊策一

本存 黼座之傍天下自此無寃矣伏乞

聖明俯賜採納臣不勝激切待 命之至

天啓七年十一月初五日具 奏十一日奉

崇禎聖旨東廠衙門

祖宗舊制設有旂尉緝獲奸宄關係甚大逆惡

魏忠賢擅權煽虐莫可誰何與旂尉無涉今

大逆已殄衆恨已消乃奸黠小人乘機報伏

揑告廠役朕覽各役訐廠揭帖見各衙門擅

行提拏以致驚慌逃竄緝獲壅事所倚何人

且如崔呈秀招權納賄豈無私人亦如此株

連蔓引否顯是取應昌安議裁革陰行舉使

本當重處姑着降三級調外任該城見羈旅

尉卽行釋放未拘的一槩停止以後內外諸

臣務各修職業共臻和平毋得徒懷恩怨止

圖報伏以固元氣該部院知道

由二品蔭于天啓三年內告擦除授南京戶

部焰磨所焰磨四年二月廿五日到任六年

六月內陞順天府馬政通判本年八月廿八

日到任七年五月内緣　三王之國加服俸一級六月十五日陞刑部陝西司主事本月廿一日到任十一月建言降三級調外任用崇禎元年七月内補上林苑監右監丞十一日到任十二月廿三陞前軍都督府都事十七日到任二年九月内陞南京户部陝西司主事三年二月初九日到任本年四月内接得文選司員外吳鳴虞遵旨回話一本奉聖旨京府官不得作外缺耿應昌鄒毓祚仍俱

謫外吳鳴虞已有旨了隨即回籍十二年十一月初四　題補廣西布政司焰磨仍支從七品俸于十三年六月初二到任十五年正月陞雲南楚雄府通判未任　新朝于　英王投誠奉部院江題叙原銜候用主事耿應昌原籍　永樂護駕千户耿國寶之後分于河南湖廣今尚有祠堂在西直門外　懷順王係同國寶所分

張公任後昌生一孫今兩歲矣能繩祖武不

知後來何如敢曰

小敘

宦寺與廠衛同惡相濟也無宦寺則廠衛之
毒不敢肆無廠衛則宦寺之害不得行周禮
綴衣趣馬盡籲俊之流漢大臣得以出入宮
禁後世內有女御外有給事而宦寺之設也
何爲周禮止以五刑糾萬民漢約法三章後
世統之有刑曹攝之有大理而廠衛之設也
何爲宦寺藉廠衛之威假詔獄株累大臣而
罔憚國法廠衛希宦寺之旨開告密擅改律

景賢

令而罔恤人言舉世之人安得不道路以目手足無措也乎自監刀亂齊刑書鑄鄭以至定策國老麗景閹羅沿及明朝末之有易洪

惟

世祖御極取宦寺廠衛而兩廢之夫置之而不用則猶在也廢之而不置則永絕也真可以召和氣之應甚太平之業矣余策名先朝目擊貂璫魏忠賢擅權之惡與北司許顯純濫刑之慘恨不寸磔以洩其憤夫以烈宗之明

怏能誅之而不能罷能罷之而不能廢當日大臣言之者止魏忠賢之奸而不及正顯純之罪止陳官寺廠衛之弊而不能革官寺廠衛之名獨吾楚 耿公府先生以名臣之蔭身爲刑官直指四事之失而抗疏廷争褫職投荒毅然不顧雖一時見擯而奸邪之胆已落矣閲今幾四十載寇兵擾攘陵谷變遷而先生家居黜領年逾高道体逾腴豈非食正氣之報于未艾乎偶檢殘帙以驅睡魔滑樵

史一卷覽而有感故表而出之以待異日作史者採入汗青與陸宣公奏議賈大傅嘆息並傳且以見　先生當日一言即爲

清朝龜鑑也

順治辛丑歲夏六月之下澣日

前進士第今工部尚書管總督倉場戶部右侍郎事年家弟星沙趙開心頓首謹序

湖廣黃安縣新會館紀畧　　秦如容

邑建於
世宗之甲子館建於
今上之甲戌相距七十有一載何遥也甲子建邑
天臺耿公以柱史請
命勤民之力衆爲政甲戌建館容與
光龍以未入仕合謀紓己之財自爲政難易相去何懸也耿公起家大行而容亦以中書基始後先步執何符也顧七十年間侍御周公諱家楝司理盧公諱兆臣與光龍先君祠部公諱化及我宗兄

怨調公諱植皆閩制科也而往來都下悉寓旅於
舊邑之館豈其不思別建乎毋亦謂舊館初
自耿公遺澤未遠如張公藝九世百忍難遽
別籍耳故侍御公雖曾建館仍就舊館之側
而拓之今麻城新館是也及容丁卯公車入
舊館視其地不能旋馬新館雖存而扁額非
黃安字樣遂不免有狹小前人之意倘亦遺
澤既遠 天牖容衷乎乃同鄉在京諸公率
援先輩雅誼互相尼止容曰使館必不可州

則邑何爲先別乎容欲別館之意固即邸公
別邑之意也衆拄是無詞且有力賛其成者
故甲戌之役専罽禍郎獨力肩此而光龍遣
銓得廬江令不旹自外乃合兩人力莫經始
焉異哉斯館數十年不成而一朝成之衆君
子不成而两人成之官成之人不成而將適
籍之人成之倘亦物之有時事之有數不可
得而強歟弟其規模草創率多未備其間增
置潤色不能無待拄昔之有約與後之同志

者

壼懿

周南之化寔肇關雎江漢汝濆我壤介焉遺風所漸若有存矣下論冠族即窮簷下里貞婺淑媛爵然可風者往多有之第湮沕無聞者衆也摭所聞覩述壼懿以俟采風者

胡氏乳名黑女灄源里某女正德七年流賊掠浮光而南至兩河口掠得胡氏二女黑女長女也年可十五六賊悅其姿欲汚之女抗志不辱賊令羣婦密誘之曰女從則極富貴可立至否

則蘢紛矣女曰已聘其氏子死則死耳富貴何羨賊取刀斷女足趾威之不從賊復斷女手趾女不從知初賊怒遂刃之藁埋

萬曆二年知縣應存初始封其墓云

耿子曰余按史載昔唐俘獲黃巢姬妾時僖宗宣問之曰汝曹皆勳貴子女何為從賊其居首者對曰狂賊兇逆國家以百萬之衆失守宗祧播遷巴蜀今陛下乃以不能拒賊責一女子置公卿將帥于何地乎吁今茲其鬢

眉列冠裳者可思矣慎毋媿黑文黃哉

彭氏余從叔祖大賓妻也賓卒時彭年才二十六遺孤二彭抗志撫之苦家窘百方拮据不能給朝夕賴族伯教授公高其志操時時斥俸賙之年六十六歲終即新寡之年訖于白首家人未嘗一覩見齒咲居常凛凛若鐵面然族里婦女瞻其容儀者心自嚴憚焉[illegible]年郡守慈谿孫公光祖檄封其墓

黃氏承使王惠妻甫笄歸惠惠時業已爲承使

受役于公十九在外黄獨居敬養舅姑出諸姒先得兩尊人歡顧又恂恂以身下諸姒克諧以和居五年惠旅會城蕩而忘歸舅姑以嗣續爲念遣從之寓省一夕而黄不安于閨闈遄歸歸而有身後舉子曰國孝甫週而惠歿黄時年二十四耳惠疾亟時念黄少囑毋再醮之黄聞而持其孤向惠號曰君言二妾矣妾不難以身殉顧妾與君俱是呱呱者向誰啼耶惠聞泣謂母曰兒故知婦無二志第不忍重苦之耳今云爾

任之可也惠既坍號慟幾絕既忍死勉襄其事
後即屏居一室含哀辯絰勤以撫其孤自是
遠老不服色綺疾不用醫藥曰嫌其診也亦不
用禳禱吾天年畢盡蚤得從夫子地下幸矣鬼
神必不安讁我也年八十二歲終黃嘗得一覲
音大士像祀之謹每家人疾病休咎即見之夢
預知之抑其志潔行芳將鬼神可質也撫其子
既成立嗣撫教其孫曰三顧應萬曆四年歲薦
曰三極登己卯鄉試

張氏蔡純仁妻茅畈里儒士張本女年十七歸純仁甫朞而純仁㓜張矢志不渝舅姑故閭閻下族也强迫嫁之張引刀割耳㲘封其戶奉主牀頭蚤暮哭數絶一歲寇掠鄉村舉家走匿山林棄張不顧張繫組于頸懸梁據几以待屬其老婢曰盜第及門即推几令得速斃也盜過門不入乃得不死後純仁弟純信亦夭其姒徐感之矢志與張同居死守諸叔覬爲怪物奪其分產貧至不能朝夕而操節益堅應令聞而嘉焉

乃斥俸置產贍之年近五十以病卒貧不能葬
余募義爲之殯取其夫骸共瘞焉
孝婦劉氏二尹王國任妻太保莊襄公從姪女
也父曰天成與二尹父珍同遊郡庠相厚善因
有婚姻約而莊襄公配王夫人故珍從姊也以
是劉穪禰莊襄公卽王字王云劉甫六齡而二
尹母熊坳劉聞訃鎮日啼泣不食飼每值熊忌
辰輒哀慕悲滌焉既笄歸二尹其後姑爲陶劉
事之甚得其歡陶嘗語姻黨曰自吾得新婦增

一孝女矣遇之視所生子婦加數等二尹以歲薦辟業南雍劉從逾年婦姑貯念俱至成恙蒸相敬愛終身如一日云二尹壯歲無子劉惶惶容置側室進御于二尹乃生三錫撫之如已出稍長則督教惟嚴不盭義方也遇諸姒和而不狎于諸姻黨里隣咸接以禮而有恩姑能之族中衰而窶歲時周之尤厚家藏獲幾千指馭之肅然無敢犯有司者劉後病三錫方就童子試劉不身憂而時時念曰第得見列黌序吾目瞑

矣三錫果補弟子員劉自幸目覩其成含咍而
逝隆慶壬申歲也
耿子曰余聞先妣秦太恭人恒曰吾見劉孺
人莊而閑簡而中倫寔女師哉惟孺人在閨
爲婌媛儷二尹爲令妻撫三錫爲慈母即遇
姻黨族里足稱仁賢而余稱之曰孝婦孝婦
云蓋感夫世降風下誶語謫蹊自昔嘆之矣
乃冠族女席其貴驕以懟舅姑者尤不少也
況能敬事後姑如此乎又況于未經一面之

云姑而能哀慕之如此乎惟此一德可風矣且置媵以延夫子之宗是孝之大而德逮于姒娌姻黨是皆其孝之推也語曰一孝立萬善從信矣

孝節傳余昔丁亥還自北都徙省舅氏從道上遥望見一行子步趋謹飭意必有遠志深念者令從者追招與語詣爲比郭王生世本本特業儒從余友吴存甫氏學必異之比至舅氏語及舅氏爲述其父若母孝節事行駒聞諸邑邑令李扁其閭曰孝節云

孝節傳爲黄安北郭王子威并其妻述也威幼失

恬特其仲父曰時瑩者撫之猶子比長爲娶張瑩先是有一子而夭意卽子戚矣羣從利瑩之無後也闞然欲分其產瑩憤欲訟以有戚也戚泣曰儂賴仲父以生有此身卽幸矣何利于產任羣從分之毫不欲取族長老三分其田强令受三之一乃勉受磽田十畝耳以是家益窘戚胼胝力穡張勤女紅佐之孝養瑩惟謹時瑩壯年已抱末疾久之益劇卧牀第者十年所其坐起食飲櫛沐卽溲溺諸瑣褻須人扶掖護持而

感日每作昔生又時有門戶役昕夕惟張躬
之靡有懈晚而瑩病增迷罔昏蚤莫辨飢飽無
度嗜好怒詈俱失常性張百計將順如撫嬰孺
不少違忤如是者再逾年瑩圽感戾毀幾絕張
泣謂曰仲父有媪在且老矣君如不諱奈此媪
何感勉忍死就養仲媪其事仲媪一如事瑩者
仲媪故多病病後嘗思肉食亟張卒不能具皇
皇然傾缶貯翼集得斛餘躬負之市易一鶩亟
歸烹以供欲盡之屬厭恐益其疾也四分之謹

藏其餘以待不時需嬰孺在側涎垂垂不得一
染指焉啼則取鞭過箠驅之户外任其呱呱啼
勿借也已仲媪病泄痢者再逾年時襪袵席張
斯夕手爲蠲滌無難色又後病風痺客脬不得
前後溲者逾月戚惶懼愁痛呼神籲天祈以身
代尋問醫六得溲味卒甘尚可活也媪偶使戚
寄取嘗焉家衆竊知轉語諸人里父聞而驚訝
曰爲此者古稱黔婁而今有戚爲兩耶戚時亦
病又時時伏枕祈曰天乎仲父育儂猶子得假

一日餘生畢仲母穸窀事即棄捐填溝壑饑媪果先二月歾戚卧苫土兩越月為風濕所侵病增劇其時張年可三九其孤僅八齡戚目孤謂張曰儂以伴父故得至今儂兄重聽廢人也是孤安恃哉家且貧甚儂即死計若必適人矣張泣曰是何言哉君阿天也天一而已寧有二乎妾本願即從君地下徒以此孤苟活耳矢死靡他終與孤相為命也戚伏枕頓首謝曰子若是儂瞑矣戚歾柩之于寢張夕每偕二孺憑棺哀

號嘗至達曙比當春夏雷雨夜患其震驚號慟尤慘將鄰杵罷舂城墉爲圻矣張擬身殉欲綏其葬會歲荒盜起族長老懼有他虞廼令拮据營葬之自是家益落僅一力田奴隨適張朝秉鉏荷畚躬自播種夕刈薙拾稿夜勤績紡即饘粥縷襦不給也僉爲不堪而張勵操廿年如一日矣時其門稱未亡人者五咸無二志抑其濡漸然耶張年今逾艾令甲所得旌者邑令扁揚其閭曰孝節足以風矣咸子一名世本八齡而

孤者弱冠時病依宗里僧李壽菴謂其法可超生死予令從李上人遊其侶趣之遠遊張泣爲書止之李上人見其書憮感讚嘆稱爲活佛謂所言皆心髓至言擬之海潮音云

天臺病叟曰余之傳孝節也太息不已而繼之流涕披面云侍者訝余溺之無從或曰老病易悲耳蓋慨輓近士事詩書列章逢而不顧父母養者有矣詩譏訐語何訝齊民感孝養仲父如是可爲難矣而不利其產尤難孝

養于平時難矣，而孝養于老且病，至病而迷罔，則尤難也。惟感之孝，張實成之；婦之能孝尤難矣。此余所爲長太息也。其流涕者，則其感觸自哀矣。蓋即張市鬻其養事，嗟窶人之爲養者，其情狀良足悲矣。古稱孝子何異焉。因憶余少貧時常病，病後思肉食大異常情，父母之備育余者，狀有類張之所爲養，偶一念之，此涕所爲霪霪下若雨也。無論此念，諸父之所以撫教余者，恩亦罔極矣，而未能

少報俯媿于處何如耶此又滯之所從也

文徵

夫綸簡龍章寵錫自天蔚乎煌煌榮被無疆矣建議矢謨用襄鴻勳作者之志可承思也若乃金石所畱簡編記注足以述往詔來者雖蒙蝕蠹曷忍散逸哉述文徵

誥勑

以吳琳爲吏部尚書誥 洪武三年

誥曰惟古帝王之治天下在于得人才然人才實由于銓選朕所以于吏部之職必擇器識

公明者居之爾耿學術既醇踐履尤工事朕由博士陞僉憲克振風紀及貳臺國課以辨俾居記注獻納爲多茲用陞長天官以掌銓衡之重爾其量材而授官計功而考能使賢愚有別而黜陟合宜庶克稱朕爲官擇人之意可

諭吏部尚書詹同 洪武四年

吏部者衡鑑之司鑑明則物之妍媸無所遁衡平則物之輕重得其當蓋政事之得失在

廣官任官之賢否由吏部任得其人則政理民安任非其人則瘝官曠職卿等居銓衡之任宜在公平以別賢否

命詹同以翰林學士致仕勑 洪武七年

勑曰朕起布衣提三尺劍總率六師以拯民艱延攬英雄以圖至治凡二紀于茲曩者親征武昌平陳之日爾同以文學之美從朕同遊厥後任博士啓居注學士皆舉其職又長吏部辨人才之賢否審職任之輕重咸得其宜

今季雖已邁猶輸誠效謀迄無少怠可謂賢
也已朕不忍以爾耄季服役奔走特命以翰
林學士致仕爾惟欽哉

命右僉都御史鄒來學提督京東軍務勅　正統
十四季

勑曰蘇州林南等奏倉山海等衛所永平等府州
縣喜峯等關口收支糧草作弊侵欺其屯田
侵占欺隱遵化靈山地土權貴豪右亦多據
之與小民爭利今特命爾往莅其事若奸頑

怙終不悛者究治爾宜廉潔公勤凡事從宜區畫務使兵民利便糧餉充盈庶副委託之重邇北一路不許將弓箭軍器出關交易違者治之不貸

贈耿大振通議大夫刑部左侍郎李氏淑人制萬曆十五年

制曰爰奧旌賢必馳榮于再世吾人種德乃萃祉于一門唯天道在所寵綏斯國恩爲之申錫爾耿大振乃刑部左侍郎定向之祖父賦

性端方，禔身孝友，韶華戢耀，咸高長者之風；
積行累仁，爰篤後昆之祚。元宗有子，繩武惟
孫，慶澤孔遐，褒章宜茂。茲特贈爾爲通議大
夫刑部左侍郎，式增賁于重泉，丕永流芳于奕
葉。

制曰：詩詠似續，彰祖妣之垂休；易著吉占，稱王
母之介福。肆國家有推崇之典，俾大臣遂報
本之思。爾李氏，乃刑部左侍郎耿定向之祖
母，媺自望族，歸于德門，持儆戒以相成佐夫

順正秉嚴恭而作範治內明章傳子及孫益昌而熾宜中褒卹以表芳徽兹特贈爾爲淑人錫隆烝畀之儀彌篤雲礽之祜

封耿金爲監察御史秦氏孺人敕嘉靖四十二年

敕曰朕聞古之君子積德勵行以自淑其身者則必克昌其後時乃天道故國家褒錄人臣之親所以明植慶之源而行奉若之典也爾耿金乃雲南道監察御史定向之父賦性醇

誠禔身恭慎惇倫秉禮嘉遯守貞庶幾古之
良士矣義訓成子臺察蜚聲豈非德善之慶
哉茲特封爾為文林郎雲南道監察御史尚
貞教維風以光休命渥恩夫丈其敬承之
勑曰易稱家人有嚴君父母之謂以教育之德
同也肆朕嘉憲臣之績貤恩優勸非以體其
顯親之情與爾秦氏乃雲南道監察御史耿
定向之母端莊淑惠恪有令儀正以相夫嚴
以教子婦儀母道式範中閨乃夫暨爾躬偕

履康壽覯此顯融于爾慈廸有光矣兹特封
爲孺人祇服榮名永燕爾後

封御史耿金爲工部屯田司主事秦氏安人
勑萬曆元年

勑曰朕以尊奉
慈宫霈慶廷臣自子幸覯咸與顯揚蓋以篤教
忠之報而推其所自生也爾封文林郎雲南
道監察御史耿金乃工部屯田司主事
定力之父畎畝逸民鄉邦善士義方有訓開

爾嗣人正學蒞官允彰撫躬是用加封爾為
承德郎工部屯田清吏司主事祗服鴻恩承
綏康壽
敕曰人子之欲顯其親豈殊于怙恃哉國家因
親教愛體其奉養之情而推及之亦先王以
孝治天下意也爾封孺人秦氏乃工部屯田
清吏司主事耿定力之母明章婦順齋慎母
儀爾子學古入官休有令聞爾訓育之勞不
可忘已是用封爾為安人象服是宜燕居攸

稱

封三事耿金爲中憲大夫右僉都御史贈安

人秦氏恭人制　萬曆七年

制曰家有義方之訓乃能移孝以爲忠國有錫

類之恩是謂因親而教愛矧惟崇秩可靳彝

章爾累封承德郎工部屯田清吏司主事耿

金乃都察院右僉都御史協理院事定向之

父賦性端方禀資樸茂保光戢耀夙敦恬雅

之風履坦居貞允洽好脩之譽維爾嗣賢之金

顯本廷訓之迪成祿養滋隆命名有託是用
加封爾爲中憲大夫如子官祇承三錫之榮
永篤百年之祜

制曰積慶之源惟基于內德式穀之教亦藉于
母儀故恩渥之弘敷迴慈闈而並及舊章具
在新命渙頒爾累封安人秦氏乃都察院右
僉都御史協理院事耿定向之母性成淳懿
德備孝慈順以相夫懋篤蘋蘩之敬勞以勗
子載揚機杼之風哲嗣亢宗自躬食報鼎鍾

之養弗逮栝棬之念方深是用贈爾爲恭人
增賁臬臺貽芳女史
諭祭右僉都御史耿金恭人秦氏文 萬曆八
年
制曰惟爾蓄德在躬韜光未試爰及厥配媲美
相成篤生嗣賢薦躋融顯褒綸屢被禄養方
崇宜壽考之駢臻胡音容之永隔茲頒諭祭
用示優恩幽靈有知尚其歆服
贈僉都御史耿金通議大夫刑部左侍郎恭

人秦氏淑人誥萬曆十五年

制曰人臣有功于國恆資父以事君賢士不顯其躬乃受祉而及子故有追崇之典以昭式穀之光爾累封中憲大夫都察院右僉都御史耿金乃刑部左侍郎定向之父夙懋儒業蔚爲士英慶善孚于鄉評詩禮嚴乎庭訓爰啓令子載陟陪卿睠茲明刑弼教之勳孰匪廸哲貽謀之力茲特贈爾爲通議大夫刑部左侍郎錫龍章之孔赫昭燕翼于無窮

制曰賢母之風徵于麟趾贈禮之盛極于暈衣
聰予士師之崇方切慈闈之慕可無恩渥以
廣孝思爾累封安人贈恭人秦氏乃刑部左
侍郎耿定向之母貞静幽閑惠和共肅有鵲
巢之德蛙于宗姗有螽斯之祥昌于胤嗣祿
位滋顯令淑孔昭雖鼎養之已違豈綸章之
可靳是用加贈爾爲淑人非徒爲窀穸之光
永以慰蓼莪之感
授雲南道監察御史耿定向文林郎彭氏孺

人勅 嘉靖四十二年

勅曰國家設御史以秉憲度振風紀爲耳目之官而又簡學行兼茂者董畿輔之學政其任至重也匪得其人曷克稱焉爾雲南道監察御史耿定向問學閎深志行端介以明經高第馳譽便垣擢列憲臺驟聞忠讜比巡藩服茂著風裁乃命爾董學政于南畿崇雅黜浮士習丕變允稱師模之任悅于朕心茲以三載奏績特授爾階文林郎錫之勅命夫鑑以

明故可正容繩以直故可形枉今爾居紀綱之司約己飭躬惟明惟直以敷教作人俾賢才彬彬景從足爲國家之用是朕所望于爾者欽哉

勑曰人臣克秉忠勤以功業自奮者必本之賢助故國家疏榮錫命旁及中闈嘉相成也爾雲南道監察御史耿定向妻彭氏淑柔貞靜壼教夙閑勤儉宜家儆戒在位卽爾夫之克祗厥叙罔恤于私可以知其賢而能助矣玆

特封爾爲孺人仰承休命尚敦懿脩

授都察院右僉都御史耿定向中憲大夫彭

氏恭人制　萬曆七年

制曰朕承權

慈極錫慶廷僚聰中臺風紀之司甚聲惟舊而

南國保釐之寄簡畀方新宜需褒綸用昭寵

渥爾原任都察院右僉都御史協理院事耿

定向性資鯁介學蘊宏深自奮跡賢科宣勞

使[illegible]烏臺而執法雅志澄清糾劾署者以平

刑夙稱明恕暨迴翔外服而還秩內廷洊躋
卿寺之榮爰陟中丞之重甫能樹表儀以貞
百度端絜範而肅羣僚即屢家艱不殊朝列
頃從召起例得推恩是用授爾階中憲大夫
錫之誥命於戲專席擁旄均屬紀綱之任詰
戎飭吏允資文武之才勉旣乃心益祗厥叙
尚有崇陟以答忠勞欽哉
制曰惟烝乎正直之節能閑有家惟雞鳴儆戒
之賢克贊在位恩必隆于並逮義實本其相

成甫都察院右僉都御史協理院事耿定向

妻封孺人彭氏夙以士女嫻于儒流順正不

違恪守矜鞶之訓儉勤無斁動遵圖史之規

壼範聿脩官常攸賴是用加封爾爲恭人增

翟茀之光萃樹閨闈之懿則

授刑部左侍郎耿定向通議大夫贈恭人彭

氏淑人制　萬曆十五年

制曰朕欽慎祥刑簡需邁德明罰勑法既深歲

閱之勞進律酬庸宜霈廷綸之寵賁章具在

誕命爰申爾刑部左侍郎耿定向貞操達識
邃學宏才甲第蜚英使垣效節操居屏省有
激揚謇諤之規擢副理司邕明允綜詳之譽
雖抗節中乖于當路而追鋒再踐于亨途尚
璽冏卿後先綸歷中丞督撫內外更數尋勇
退于急流益蔚懸乎雅望起參憲府晉貳秋
官而爾本明清敬忠之衷郅罰罷事持忠厚
老成之慮飭律求情邦禁以平民風攸賴肇
成最績用新優恩茲特授爾階通議大夫錫

之誥命於戲皐陶時懋乃功贊虞帝協中之治蘇公敬爾由獄開周家仁壽之基尚其愈篤忠貞永追遐矩慶選爾勞而弗替滋承令問于有終欽哉

制曰國家優叙勞臣弘推渥典念其閒關之有助而錫之寵榮雖其音容之已遐而不忘懸卹爾刑部左侍郎耿定向妻累封恭人彭氏柔德柔嘉禔身淑慎相夫君而有儆敦家政以惟雍令圖史之芳規宛然猶在宜絲綸之

顯秩賁爾如生兹特贈爾爲淑人尚歆三命
之崇允紹二南之化

諭祭戶部尚書耿定向文 萬曆二十四年

制曰惟卿學遡淵源德成閭遂歷官四紀著績
三朝自簡翰忠操允堅于遠謫清標樹節聲屢
振于中臺人歸巖石之瞻士重斗山之仰而
崇八座遽卧一丘有尚友古人之風懷獨爲
君子之耻方資表正何遽淪亡艮配偕藏遺
靈不泯宜須寵祭尚克歆承

諭葬戶部尚書耿定向文 萬曆二十四秊

制曰惟卿

先朝耆碩後進表儀德彌劭于秊高名益彰于

身殁悲生朝野惜夜壑之遽局祭備榮哀慰

冥魂于如在

贈戶部尚書耿定向太子少保謚恭簡誥命

萬曆二十四秊

制曰大臣匡世之功每踰時而益顯昭代勸賢

之典雖沒世而猶隆國有彝章朕不敢廢爾

戶部尚書耿定向性資端亮學識閎深持自
簡以絕違範青衿而有造澄氷朗玉洞流略
之精微清鏞大敦識典刑之髣髴急推賢獎
舍之誼懷憂國愛君之心頃思得人而襄天
步之安乃由執法而畀地卿之任功成身退
望彌重于具瞻憲老乞言政尚須于入告豈
謂飾終之請輕于求舊之時世咸悼其云亡
朕可微于愍卹茲特贈爾太子少保謚恭簡
錫之誥命於戲疏恩進秩升華青禁之班節

惠錫名加賁黃扁之褒庶幾精爽不昧歆承

授工部屯田司主事耿定力承德郎朱氏安

人勅萬曆元季

勅曰朕惟古者寓兵于農其法廢已久屯田之制則稍寓農于兵以節縮軍餉所以佐國計寬民力甚鉅故冬官司田其屬未易任也爾工部屯田清吏司主事耿定力學紹家傳問揚廷對清勤斂茂克舉其官茲以覃恩用授爾階承德郎錫之勅命夫今之屯政弊甚矣

內乾沒于貴勢而不檢外侵擾于寇胡而莫
救近雖屢飭其法而屢格不行朕甚慮之爾
有正學之志則土田甲兵非儒者分外事也
尚悉儒周謀以紓朕經遠之懷欽哉

勅曰夫鷄鳴之戒宿情也而詩人咏之饋食之
敬細事也而春秋載之則人臣室家交儆之
私其有錄于公朝宜矣爾工部屯田清吏司
主事耿定力妻朱氏婉淑能從以相內政爾
夫學不弛叢官不違儆爾先後之也是用封

爾爲安人祇膺寵命之榮益茂相成之德

授成都府知府耿定力中憲大夫妻安人朱氏

恭人誥 萬曆十四年

制曰朕嘉古政平訟理之風思與良二千石共

臻斯踐惟川蜀之區夙稱險巨而省會之郡

尤屬煩難匪得儁賢曷膺遴簡爾四川成都

府知府耿定力貞操雅度朗識宏猷甲第蜚

英郎曹列秩士望允孚積歲官階特借手

專城肆起家艱再司邦寄而爾才優亦解守

勵冰清政簡惠孚民懷吏畏可謂郡國之選
已茲以歲滿特授爾階中憲大夫錫之誥命
於戲惟生民之命脈係于守牧朕既錄爾之
舊勞惟朝廷之紀綱表于臬司朕方畀爾以
新命尚勵忠勤之節允光延訓之詞欽哉
制曰自昔周南大夫其妻以采蘋之賢而佐烝
嘗之節朕嘗嘉之肆旌勸之典可獨遺于厥
配哉爾四川成都府知府耿定力妻封安人
朱氏母訓夙閑閨務允廸克勤而儉以贊官

常宣承從爵之褒爰表宜家之範茲特加封
爾爲恭人祇象服之孔華勵雞鳴而匪懈

授都察院右僉都御史耿定力中憲大夫贊
治尹朱氏恭人制 萬曆三十二年

制曰陪京國家豐鎬並設中臺長江襟帶東南
特開軍府騰茲重寄必藉壯猷非有崇褒曷
章懋績爾提督操江兼管巡江南京都察院
右僉都御史耿定力學富淵源才全湖海制
科舊跡郎署宣猷兩郡播循良之聲八閩歌

樂育之惠爰黎藩服入副奉常歷貳銀臺簡
鎮南服而爾赤忠肇畫精白激揚肅令節師
除戎設堠舳艫啣尾波潑午潛之宫旌旆搖
雲天塹龍江之渡軍實訂而南國既鞏偏師
濟而西陲亦清既奏膚功宜更新命是用授
爾階中憲大夫賛治尹錫之誥命於戲外寧
內憂方軫釁萌之戒有備無患宜深桑土之
謀益輸幹濟之猷用副樞衡之託
制曰閫外持衡式布安攘之烈閨中捧玉用襄

文武之猷既奏臺庸宜更綸命爾提督操江兼管巡江南京都察院右僉都御史耿定力妻先封安人又封恭人朱氏珩璜比潤圖史爲儀出自華宗歸于名士相夫子以從宦周旋中外秉婦順而佐饋拮据初終睠茲周南鎖鑰之功益覩江漢琴瑟之化是用仍封爾爲恭人翟茀洊加象服既光于三錫蘋蘩矢志雞鳴無替于一心

諭祭兵部侍郎耿定力文 萬曆三十五年

制曰惟爾操脩愼密氣度冲恬粉署聲蜚黄堂
著績教旣敷于多士望尤峻于淸卿迨建節
以佐臺風行畿甸遂貳樞而奮武兵戢潢池
方資豐水之長城遽痛峴山之短碣睠惟盡
瘁良用憫傷祭葬並頒爾靈歆服

贈兵部侍郎耿定力户部尚書誥命 萬曆三
十五年

制曰畱樞貳卿厥任惟重有如威望素孚生資
彈壓煖貽典刑其所風軌遠巳爾原任南京

兵部右侍郎耿定力操履端貞才猷敏練郎
曹懋愼勤之績治郡起卓異之稱擢典文衡
允推朗鑑繼叅藩政尤著清修遷卿寺之游
飈遂晉臺之久借兼開牙纛晉副戎樞指顧
風淸旣覘江洋之久謐厥後霜肅旋看戎莽
之潛夷內外歷仕兩朝始終惟堅一節宣茲
偉烈未霈恩褒奏最方聞計哀踵至良足悼
巳是用贈爾爲南京戶部尙書錫之誥命於
戲文綏武振折衝素裕乎五兵公望卿材模

楷允宜乎八座歆茲寵綍賁爾幽扃

禮部儀制司主事彭遵古妻胡氏安人勑萬

曆二十八年

勑曰昔唐史稱李珏為儀曹特推清廟之器蓋

南宮華秩式資時秀朕茲歲月而優敘之惟

年勞是視蓋其重也爾禮部儀制清吏司主

事彭遵古經術名家廷掄俊望抗章得罪薄

譴賜環起之膠庠之間遂入成均之署歷試

茲久乃簡清班而爾亮節孤高冲夷恬遠識

從世緯地與名高由客部以升華佐秩宗而匪懈茲當考績特受爾階承德郎錫之勑命夫國家禮文之事詳在令甲非行之難惟人實難爾公忠自許亦無忝寅直之司矣夔龍之選豈異人任勉持厥美慕之昔賢朕且有顯昇焉　勑曰夫琴瑟靜好體相儷而道相成士所爲夙夜在公未有資其敬助而不借之榮寵者爾禮部儀制清吏司主事彭遵古妻胡氏夙承女訓來嬪儒英清約自甘拮据

共勵既偕華路彌賛素風無慚雜佩之勤有
美溪毛之薦眷儀曹之奏績宜閨閣之同褒
是用封爾爲安人歪昭象服之光益引鵲巢
之福
廣東道監察御史周家棟妻羅氏孺人勑萬
曆三十年
勑曰朕以天下爲車以法度爲銜勒而以風紀
之臣爲之御御史者非所謂風紀之臣與得
其人則法度肅而天下治不得其人則法度

廢而天下亂然則其任至重未易稱也爾廣
東道監察御史周家棟性開心遠學邃猷長
早歲登朝芳標蓋世爰起家于花縣遂珥筆
于柏臺而爾持操如弦洗心以水入執簡于
柱後出理鹺于海邊皆以蹇直著稱澄清流
問朕甚嘉之茲特以覃恩授爾階文林郎錫
之敕命夫今之天下雖曰治安然而吏少奉
公之節士多養交之風比周之跡已彰尚矜
介持由徑之蹤漸露猶謂貞方朕甚耻焉茲

欲一道以同風惟爾揚清而激濁　勑曰御史簪筆侍朕進思盡忠退思補過方其退也必得内賢恬安乃無逸思爾廣東道監察御史周家棟妻封孺人羅氏禔躬儉謹秉度温純顯約無違唱隨交懋婦人無儀其爲儀也大矣爾夫以皂囊馳譽有以也兹仍封爾爲孺人尚益飭其容功將永同其福禄

天臺先生書院記　秣陵焦竑

古學校之教修士求志達道未有不爲時用

者其在于鄉也高者尊爲父師少師而下亦不失爲更老曰羣其子弟督教之迨殁則相與追思其功德祀之瞽宗推而目之曰先聖先師夔伯夷周公孔子顏子皆其人也近世理學莫盛于宋迨天聖明道閒學猶未立而四書院之名獨聞于天下是時周之鹿洞陸徐巖朱之隱屏各以道德師于鄉爲之徒者率振二雅馴行藝修好世徒知賴其用而漸摩成就之功豈一日積哉天台先生崛起楚

之黃安推明孔顔周陸之學與鄉人肄習之
從遊者屨恒滿戶外已宦轍所至又自其鄉
達諸四方今去之數十年而其教如存先生
所風動抑已遠矣當其校士新安授胡侯于
髫齔中而授之學至是綰印綬來爲邑令乃
盡推先生之言措諸政事要束精明寬簡中
度闔部晏然民吏意得以其間造先生之廬
與其子弟講求未墜之緒而闡繹之嘆曰古
鄉先生沒必有祭吾師顧其可後爰卜地邑

東偏講堂三楹奉先生像設而同志之友及門之徒皆餼食于旁講堂三楹翼以二室待來遊者接焉書舍二十楹羣多士于中誦詩讀書循々如瑯々如也惟謹墻之東西復爲孝子節婦二祠周而覽之齋祭有所肄習有次庖湢燕休各有寧宇又出其餘買田數十畝會其入以具祀事既成書來俾余志之嗟乎先生特起千載之後明先聖之道以牖後之學者莫于求仁之要修身之矩本末粲然

如指諸掌藉令遐陬獨學之士精思而實踐之可以學聖人而無難況黃人息遊于斯者皆門人之子孫昆弟也彷彿于聲容而得其意之所存能無慄然思奮者乎自是其賢者翹然自信而獨立即中材亦勉焉循其矩矱而寡過不惟先生之精神丰采久而彌新庶之傳于是邑亦將無窮矣侯名尚質字某徽之欽人蒞茲五載治最當遷矣而能加意于吏責所不及亦先生得士之驗也是爲記

江汝社約序

耿汝愚

昔孔子刪詩而闕楚說者曰荆蠻也無詩故勿錄然江沱汝漢非楚望哉胡造見諸周召二南耶跡是知二南所錄大抵多楚聲第語中不綴山川故疏者漫謂南國焉而他自豳以外殊多亂世亡國音是孔子非止不欲諸國楚也直欲豐京楚耳迨屈大夫一變而遂爲詞賦祖李唐律興杜甫孟浩然輩並擅鉅宗稱聖到今由斯以觀楚無詩乎惟

重經　例乃士失厥旨習爲絺章繪句雷同綿弱語以應有司有司憒録焉承訛襲舛號爲時文體復以詩能破壞之糜閣不講而楚爲甚矣嗟夫當其盛時婦人孺子矢口陳詞亦能入厄父之轂而冠三百篇及其衰也學士大夫俾紙濡毫求一巫師牧豎之謳而不可得無他其風婞也黃安疆于江汝之間非昔所左方其承而右遵其墳者哉趙宋之季剮爲裔微文事糜焉　興官府不設田畯之

子農隙而就村學究纔能書計便卽罷去衣穀策肥而目不識一丁者比比也嘉靖末始置學官稍稍有舍耒而事章句博衿佩者今更二世矣連袵泮水上能口四子之書者尚可指數乃今吳郎敎之復欲聯三五輩結社而爲詩亦何容易也雖然僻陋如蜀蠻悍如閩斷髮文身如吳以一太守二三宿儒與之尚能易爲文雅才士輩出翩江汝爲文明域而文王之文在兹哉語曰一夫善射千人決

拾盡言風也吳郎助矣詩之道本易言不佞姑勿論抑序曰志之所之也諸君之爲詩或圖供生前之樂或蕲傳身後之名或爲賓座縱談之樞或預史局受遴之地或藍于雅稱而漫以附或牽諸故交而強于同或尨于澤好遊之先資或開夙業欲捐之後竇志之所之或不一然當受體而思探韻而賦其爲調也將無同乎不佞嗜酒儻諸君不禁而許之歡則願備劒首之一吷焉今異日有圖香山

繪耆英者而不使得厠名貌其間則不使幸矣

封承德郎耿汝愚安人彭氏安人黄氏勑　天

啓六年

勑

曰士庶先世光華而克自砥礪以文章行誼名于時而竟不及顯其用惜也維有踈榮之典猶得其式穀之似以酬義方天道張弓其是之謂乎爾貢生贈修職郎南京戶部照磨所照磨耿汝愚乃順天府通判耿應昌之父

鳳毛絢彩豹澤蔚文茁謝砌之蕙蘭葉繩世美挺鄧林之翹楚名貢天廷惟期振翮乎雲霄庶幾取償于縹帙公明不遠猶曰息六月以圖南長吉無年空令嘆千秋之埋玉肆嗣人之燕翼能展采而象賢是用覃恩贈爾爲承德郎如子官嘉世篤忠貞之軌錫寵蕃宗祐之休

勑曰人子列鼎而痛陟屺于悲風撫高堂之靜樹未有不愴然興懷者矣矧慶所繇開慈均長我者乎欲紓報恤其類此綸

章焉爾贈孺人彭氏乃順天府通判耿應昌之嫡母儲葉望族作儷儒宗亶懿則于安貞蔚芳模于聖善同人贊易得和氣以凝祥伐木歌詩取俠風而叶吉故鄉黨式庭帏之化誦言表閭闔之幽茲加贈爾爲安人渥恵露於荒丘覆慈雲於稿壤　勅曰劬勞之德欲報無繇彌襟之恩有懷難盡是以門人廢蓼莪之什孝子興風木之悲倘不邀再命之榮奚以酬三年之愛乎爾贈孺人黄氏乃順天

府通判耿應昌之生母秉謙作則賦性維貞
敬夙夜其在公宜室家而不忒毋儀靡悔坤
德無疆植蘭玉之姿臨風競賞產渥洼之駿
歷塊呈奇維我良臣允繇慈迪是用加贈爾
爲安人賁綸綍以嗣華永栖惓之遺澤
授順天府通判承德郎耿應昌安人韓氏安
人劉氏勅 天啓六年
勅曰朕綜核吏治欲作民膚念緊望亦有從
事之司而京師尤爲四方之極故判馮翊者

必才誠卓茂其慎茲選也爾順天府通判耿應昌禔躬靡懈服采維勤展驥足于題輿試鴻圖于驂駕群空冀北五花之剖決如流貫重荊南三輔之翼安攸繫以全材而畀重地顧有斯人縣半刺而綰通綸爵惟異日數馬識朝廷之富理財而裕軍國之需貽厥孫謀景仰三朝舊碩繩其祖武威名千里神京用集箕弓裘佁之休適叶風虎雲龍之會茲贈爾爲承德郎益勵廉能之節愈堅愛戴之心

如古之渤海漁陽誠所稱龍勉任職者矣彼猶然外郡也况處輦轂之旁尤朕所式憑者乎詩曰柔遠能邇以定我王爾其念之朕有顯擢

勑曰鳴鴈之音宜家攸繫儆雞之佐没世不忘是以慢服鼓警于昔賢悼亡鍾情于篇什苟生榮之不逮撫袿帨者寧無遺恋之思乎爾順天府通判耿應昌妻韓氏毓自德門嬪于名閥孝思根之天植女德備乎坤貞臾縞揚儷王之輝河山式度贊襄潔澗蘋

之薦沼沚尸齊用襄裹旦于明星克贊家賢
之濟美簾旌初掛寶鏡空懸念此音徽可忘
寵錫茲贈爾爲安人玄壤榮日月之光綸綍
耀松楸之色　勅曰古之廉吏以帷帳器物
悉付外庭而其家安焉固知砥節失公不獨
丈夫之概亦佐閫者之備士行而嫺士才也
爾順天府通判耿應昌繼妻劉氏乃南京吏
部尚書劉采之孫女毓秀名門作嬪吉士陳
詩式史風禀鄭康成之義方粉帨芳袿早閑

紀邑始

周家棟

吾邑介梁楚縱横五百里之内而治更焉
世廟甲子割三邑不毛之鄙以啓玆宇亂崗複
巘壁壑茆溪莽莽然一盜區也余問盜狀諸長
老不數其椎劫屠殺之兇而述其鼓行伎倆
之致亦有可解頤者焉秦某某者貲家奴百人
爲之徒居恒鬬矛盾爲技與富民黄某結姻
好其相過必圓帽紅衣舁四人輿以自標也
此盜而章服者也張某䆫慧爲魁于岡麻中

信之間四時變服色不常舉止閒雅里閈慶弔之會無不赴也每出策獨蹇囊皁比褥自隨官司有捕者必先知之此盜而文儒者也陳某族居數百指所劫道士冠服列械鼓吹爲嚮導而已拔彩以毆之泛溪而下以自適也此盜而羽衣者也余聞之余母孺人族某積金僅數兩盜鳴木魚于樹顛而先以二盜門焉其婦啓戶曰比何方僧而丁丁然中夜不休耶言未卒二門者飛持去其夫奔之而

鳴魚之盜已啓緘而罄其藏矣此盜而織流者也有徐某者人號徐毛狗比之狐也麻邑令金者素豪宕自喜聞其黠也而徵之徐即謹見令令曰汝盜何敢見我徐曰盜信幸無左證耳令語塞第持銅盤以紿之曰此金也汝能盜宥汝不能箠殺汝與汝爲三日約使其主者領而去而令勑守者數十輩晝夜圍盤惟謹徐醉臥主者廬而已至三日其主曰汝明日當對令誰爲收汝骨者乎徐笑不應

睡至夜半因踰令垣而入啓其扃至令寢取
衣冠飾爲令作醉狀而出衆守者見令至皆
辟易曰爺至矣爺至矣徐曰汝守好勞苦料
此奴何敢盜吾盤汝皆去盤子我我明日鑑
殺之因持盤而入時燈光明滅而儼然令焉
衆亦以爲令矣徐入度衣冠于原所封其戶
持盤置王人堂而已不知所往矣令晨起詰
盜王人奉盤而進曰盜恐大人有意督過之
也夜去矣問諸守者言盤所以狀令笑曰盜

以我爲孫叔敖乎此盜而優孟者也余弟彦生卿其父椎髻大彊人也盜某謂之曰今夕吾盜汝汝必戒我是夜果來門有備不得入從竇竊其碓金而去錚錚然敲于月下明不欺也此盜而尾已者也某家山去今治八十里而遥盜架市建樓居家長婦妻妾長子孫以爲郡塢後袁二守者往征之遂爲焦土此盜而列肆者也善乎哉李生之爲俠也作盜檄塗壁以懸之道其畧曰聖人受命原當草

澤之英哲士趨時誰辨侯王之種惟我牛山
之緒統歸然王氣之嶙峋又日聞尔黄陂出
財稱陶李富數張劉倘懷後至之誅必從先
來之賞云云其檄聞之楚中丞楚中丞聞之
梁中丞會而聞之
上上命師焉余昔遊梁汝時問之山僧牛山者
今羅邑迤南山也周環數十里中有沃産鳥
道一徑他無得登焉盖盜窟也
世廟前有馬指揮者引兵夜殲之或檄故之以

也李生之誅盜亦巧矣李生死始有知其自黃陂姑李某者余聞之陳生嘉謨云嗟夫晉世習盜而盜者以戲誅盜者亦以戲乎然皆聞舉一二爲談柄其不聞者固多也然皆近余十數里内事其幅員内則未及也至于舞撕劉嬰伏尸熸舍則盜本業而入不奇曰是固然耳方余在太孺人襁褓時但夜聞戶外人履聲則坐鄧林中至曙未有敢脫衣冠而熟寢者官府遠不能治棄而委之鄉保之長

而保長得以操盜又得以詗盜君然稍素封矣迄今猶可指數其家焉余記襄二守卜邑之時率土兵數萬與盜格鬪盜軍焉二守幾遇害賴鄉民李而得免豈不至岌岌乎既無囹圄又恐劫奪所獲盜則撓其足而折之盜跛躄如皁亦畧足以償其憾矣乃今惟待之鼓不鳴劍盜之犢被野家詩書而戶禮樂者伊誰之賜哉以是而思耿恭簡先生之建邑其功即與吾邑相終始可矣